REALSCHULE 2015

Prüfungsaufgaben und Training

Mathematik

Hessen
2008–2014

STARK

Umschlagbild: © magentac, www.sxc.hu

© 2014 by Stark Verlagsgesellschaft mbH & Co. KG
11. ergänzte Auflage
www.stark-verlag.de

Das Werk und alle seine Bestandteile sind urheberrechtlich geschützt. Jede vollständige oder teilweise
Vervielfältigung, Verbreitung und Veröffentlichung bedarf der ausdrücklichen Genehmigung des Verlages.

Inhalt

Vorwort
Hinweise zur Prüfung

Training Grundwissen

1. Grundrechenarten (→ Aufgaben 1–6) 3
2. Brüche (→ Aufgaben 7–14) 4
3. Rationale Zahlen (→ Aufgaben 15–18) 7
4. Potenzen (→ Aufgaben 19–24) 9
5. Proportionalität und Antiproportionalität (→ Aufgaben 25–30) 12
6. Prozentrechnung (→ Aufgaben 31–35) 13
7. Zinsrechnung (→ Aufgaben 36–39) 16
8. Umrechnungen von Größen (→ Aufgaben 40–44) 17
9. Terme vereinfachen (→ Aufgaben 45–50) 19
10. Lösen von Gleichungen (→ Aufgaben 51–53) 21
11. Funktionen (→ Aufgaben 54–57) 24
12. Ebene Figuren (→ Aufgaben 58–66) 31
13. Körper (→ Aufgaben 67–73) 34
14. Trigonometrie (→ Aufgaben 74–78) 37
15. Wahrscheinlichkeitsrechnung (→ Aufgaben 79–81) 39
16. Statistik (→ Aufgaben 82) 42
17. Diagramme (→ Aufgaben 83–85) 45

Vermischte Übungsaufgaben

Aufgabenblock P – Pflichtaufgaben 49
Aufgabenblock W – Wahlaufgaben 59

Schriftliche Abschlussprüfungsaufgaben

Abschlussprüfung 2008
Pflichtaufgaben 2008-1
Wahlaufgaben 2008-5

Abschlussprüfung 2009
Pflichtaufgaben 2009-1
Wahlaufgaben 2009-5

Fortsetzung nächste Seite

Abschlussprüfung 2010
Pflichtaufgaben 2010-1
Wahlaufgaben 2010-6

Abschlussprüfung 2011
Pflichtaufgaben 2011-1
Wahlaufgaben 2011-4

Abschlussprüfung 2012
Pflichtaufgaben 2012-1
Wahlaufgaben 2012-5

Abschlussprüfung 2013
Pflichtaufgaben 2013-1
Wahlaufgaben 2013-4

Abschlussprüfung 2014
Pflichtaufgaben 2014-1
Wahlaufgaben 2014-4

Formeln

Jeweils im Herbst erscheinen die neuen Ausgaben
der Abschluss-Prüfungen an Realschulen

Zu allen Aufgaben gibt es ausführliche Lösungen, die jeden Rechenschritt enthalten,
im Lösungsheft Titel Nr. 61504 aus dem Stark Verlag

Autoren: Siegfried Koch; Redaktion

Vorwort

Liebe Schülerin, lieber Schüler,

dieses Übungsbuch richtet sich an alle, die sich gezielt auf die Abschlussprüfung Mathematik an der Realschule in Hessen vorbereiten wollen.

In dem **Trainingsteil** ist das für die Prüfung benötigte **Grundwissen** zusammengefasst. **Zu jedem Thema gibt es Aufgaben**, mit denen du prüfen kannst, ob du den betreffenden Stoff schon beherrschst oder noch einmal gründlich wiederholen solltest.

Die anschließenden **Vermischten Übungsaufgaben** sind – wie in der Prüfung – nach Pflichtaufgaben und Wahlaufgaben getrennt. Diese Übungsaufgaben sind den schriftlichen Prüfungsaufgaben ähnlich und verbinden verschiedene Themenbereiche. Der Aufgabenblock P (Pflichtaufgaben) beinhaltet mathematische Grundlagen, die fast alle bis zur 9. Klasse behandelt worden sind. Der Aufgabenblock W (Wahlaufgaben) enthält komplexere Aufgaben. Hier sind Kreativität und logisches Denken gefragt. Wenn du diese Aufgaben beherrschst, hast du einen wesentlichen Teil der Vorbereitung für die Prüfung bewältigt.

Im letzten Teil, den offiziellen, vom hessischen Kultusministerium gestellten Prüfungsaufgaben aus den **Abschlussprüfungen 2008 bis 2014**, kannst du testen, wie gut du bei den Prüfungen der vergangenen Jahre abgeschnitten hättest.

Zu allen Aufgaben dieses Buches findest du die von erfahrenen Lehrern erstellten, vollständigen **Lösungen** in einem separaten Buch (Bestellnummer 61504). Besonderer Wert wurde dort auf die Lösungsansätze und Vorüberlegungen, wie Skizzen, gelegt. Deshalb haben wir auch grau markierte **Hinweise und Tipps** aufgenommen. Die Hinweise helfen dir, die Aufgabe alleine zu rechnen. Gerade wenn du nicht sofort weißt, wie du auf die Lösung kommen kannst, schau dir die Tipps an, die dir den Lösungsansatz zeigen. Versuche dann alleine zu rechnen. Im Allgemeinen ist nur eine Lösungsmöglichkeit angegeben, doch sind in manchen Fällen auch andere Lösungswege möglich.

Sollten nach Erscheinen dieses Bandes noch wichtige Änderungen in der Abschluss-Prüfung 2015 vom Kultusministerium bekannt gegeben werden, findest du aktuelle Informationen dazu im Internet unter:
www.stark-verlag.de/pruefung-aktuell

Wie arbeitest du nun am effektivsten mit dem Buch?

Eine Prüfungsvorbereitung ist eine längerfristige Angelegenheit. Du solltest also zeitig mit dem Arbeiten beginnen.

Du brauchst dieses Buch nicht in einem Zug durchzuarbeiten. Teile es in überschaubare Abschnitte und arbeite regelmäßig Abschnitt für Abschnitt durch.

Rechne jede Aufgabe schriftlich und schreibe übersichtlich. Lege dir dazu ein eigenes DIN-A4-Heft an, so kannst du später überprüfen, wo noch Schwachstellen zu beheben sind. Gezieltes Wiederholen lässt sich so leicht organisieren.

Vergleiche die Lösungen erst, nachdem du die Aufgabe selbst bewältigt hast. Hier ist Ehrlichkeit gefragt, damit du dich nicht selbst betrügst und dir damit schadest. Solltest du mit einer Aufgabe absolut nicht fertig werden, dann kannst du dir immer noch den Lösungsweg anschauen oder auch deinen Lehrer fragen.

Als Abschlusstest löst du die jeweilige Prüfung des letzten Jahrganges. Nun kannst du selbst feststellen, ob du mit ruhigem Gewissen in die Abschlussprüfung gehen kannst. Wenn nicht, dann wiederhole besonders die Aufgaben, die du im ersten Durchgang falsch gelöst hast. Beim zweiten oder dritten Mal Lösen der Musteraufgaben wirst du selbst merken, dass du große Fortschritte gemacht hast.

Ich wünsche dir viel Erfolg bei deiner Prüfung!

Siegfried Koch

Hinweise zur Prüfung

Die Prüfung besteht aus Pflichtaufgaben und Wahlaufgaben. Die **Pflichtaufgaben** müssen alle gerechnet werden. Von den **Wahlaufgaben** sind zwei Aufgaben zu bearbeiten. Die Bearbeitungszeit beträgt **135 Minuten.**

Erlaubte Arbeitsmittel sind:
a. Geodreieck und Zirkel
b. ein technisch-wissenschaftlicher Taschenrechner
   (nicht programmierbar und nicht grafikfähig)
c. Formelsammlung ohne Musterbeispiele und persönliche Anmerkungen

Beim Rechnen von Aufgaben mit Maßeinheiten können die Einheiten entweder in der gesamten Rechnung mitgeführt oder komplett weggelassen werden. Das Ergebnis **muss** mit der richtigen Einheit/Dimension angegeben werden.

Antwortsätze sind dann zu formulieren, wenn dies ausdrücklich verlangt ist.

Alle Rechenwege müssen bis zum Ergebnis nachvollziehbar sein.

Wird in den Rechnungen der Wert für π benötigt, so ist auf dem Taschenrechner die π-Taste zu benutzen. Es darf nicht mit einem ungenaueren Näherungswert (z. B. 3,14) gerechnet werden.

Zwischenergebnisse können gerundet angegeben werden, es muss jedoch mit den **exakten** Zwischenergebnissen weitergerechnet werden. Die Endergebnisse sind sinnvoll zu runden. In den Aufgabenstellungen ist in der Regel angegeben, auf wie viele Stellen die Ergebnisse gerundet werden sollen.

Training Grundwissen

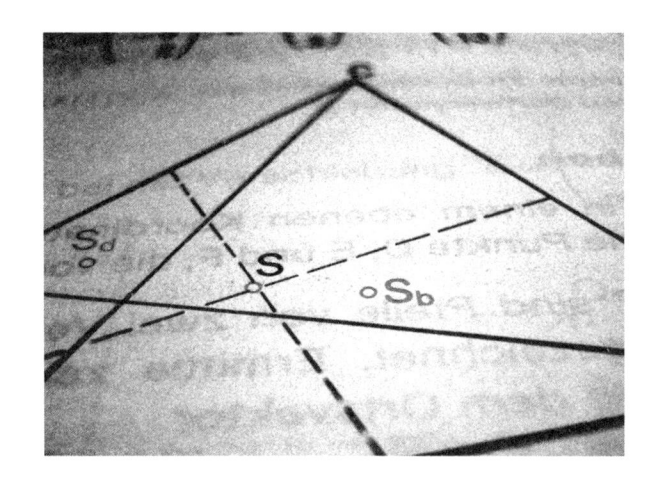

Bildnachweis
Deckblatt: www.photocase.de
S. 12, 41: Redaktion
S. 13: Keller, Hannes, Niederglatt/ www.visipix.com

Training Grundwissen

1. Grundrechenarten

Addition:	Summand	+	Summand	=	Summe
	3	+	7	=	10
Subtraktion:	Minuend	−	Subtrahend	=	Differenz
	9	−	6	=	3
Multiplikation:	Faktor	·	Faktor	=	Produkt
	3	·	9	=	27
Division:	Dividend	:	Divisor	=	Quotient
	48	:	8	=	6

Aufgaben

1. Ergänze die fehlenden Ziffern

   a)
   ```
     _ 5 _ 7 8
   + 3 _ 7 5 _
   ───────────
     6 2 1 _ 3
   ```

   b)
   ```
     3 _ 6 7 _ 3
   +   _ 8 _ 0 9 6
   ───────────────
     1 0 9 5 _ 9 _
   ```

2. Ergänze die fehlenden Ziffern

   a)
   ```
     7 _ 8 _ 2
   −   _ 3 6 6 _
   ─────────────
     6 2 _ 8 9
   ```

   b)
   ```
     1 _ 3 _ 6 9
   −     3 1 6 7 _
   ───────────────
         7 _ 1 _ 2
   ```

3. Ergänze die fehlenden Ziffern

   a)
   ```
   5 _ 3 · 4 _
   ───────────
     _ 0 9 _
       _ _ 6 _
   ───────────
     2 _ _ _ 1
   ```

   b)
   ```
   6 8 _ · _ 5 _
   ─────────────
       6 _ 9
       _ _ _ _
           _ _ _ 6
   ─────────────────
       _ _ _ _ _ _
   ```

4. Ergänze die fehlenden Ziffern

a) $\_\_6\_\_ : 5\_ = 3\_\_$
$\underline{\_\_1}$
2_0
$\underline{\_\_\_}$
$\_\_\_$
$\underline{\_\_\_}$
0

b) $3\_3\_\_ : \_3 = \_\_\_$
$\underline{\_\_1}$
$1\_\_$
$\underline{\_\_\_}$
$\_4\_$
$\underline{\_\_\_}$
0

5. Subtrahiere den Quotienten von 708 und 12 vom Produkt der Zahlen 23 und 68.

6. Subtrahiere 117 von der Summe der Zahlen 236 und 379 und multipliziere das Ergebnis mit 9.

2. Brüche

$\dfrac{3}{5}$ Zähler / Bruchstrich / Nenner

Bei einem <u>echten Bruch</u> ist der Zähler immer kleiner als der Nenner.

Beispiel:
$\dfrac{1}{2}; \dfrac{2}{9}; \dfrac{33}{37}; \ldots$

Bei einem <u>unechten Bruch</u> ist der Zähler größer oder gleich dem Nenner.

Beispiel:
$\dfrac{3}{2}; \dfrac{5}{5}; \dfrac{8}{7}; \ldots$

Umwandlung eines unechten Bruchs in eine gemischte Zahl und umgekehrt

Multipliziere die Ganzen mit dem Nenner des Bruches und addiere den Zähler. So erhältst du den Zähler des unechten Bruches. Der Nenner bleibt gleich.

Beispiel:
$4\dfrac{1}{2} = \dfrac{4 \cdot 2 + 1}{2} = \dfrac{9}{2}$

Wenn der Zähler eines Bruches größer als der Nenner ist, lässt sich die Summe als gemischte Zahl schreiben, indem man die Ganzen herauszieht.

Beispiel:
$\dfrac{29}{5} = \dfrac{25}{5} + \dfrac{4}{5} = 5 + \dfrac{4}{5} = 5\dfrac{4}{5}$

Kürzen und Erweitern von Brüchen

Brüche werden erweitert, indem man Zähler und Nenner mit derselben Zahl multipliziert.

Beispiel:
$\dfrac{4}{5}$ *mit 3 erweitern*

$\dfrac{4 \cdot 3}{5 \cdot 3} = \dfrac{12}{15}$

Brüche werden gekürzt, indem man Zähler und Nenner durch dieselbe Zahl dividiert.

Beispiel:
$\dfrac{85}{125}$ soll durch 5 gekürzt werden

$\dfrac{85 : 5}{125 : 5} = \dfrac{17}{25}$

Training Grundwissen

Addition und Subtraktion
- **gleichnamige Brüche** (gleiche Nenner)
    1. Zähler werden addiert bzw. subtrahiert
    2. Gemeinsamer Nenner wird beibehalten

Beispiel:
$$\frac{3}{7}+\frac{11}{7}+\frac{9}{7}+\frac{1}{7}=\frac{3+11+9+1}{7}=\frac{24}{7}=3\frac{3}{7}$$
$$\frac{17}{5}-\frac{3}{5}-\frac{8}{5}=\frac{17-3-8}{5}=\frac{6}{5}=1\frac{1}{5}$$

- **ungleichnamige Brüche** (verschiedene Nenner)
    1. Hauptnenner (k. g. V.) bilden
    2. Zähler entsprechend erweitern
    3. Zähler addieren bzw. subtrahieren
    4. Ergebnis wenn möglich kürzen und in eine gemischte Zahl umwandeln

<u>Hinweis</u>: Man kann auch die Ganzen und die Brüche getrennt addieren.

Beispiele:
$$\frac{3}{4}+\frac{5}{8}=\frac{6}{8}+\frac{5}{8}=\frac{6+5}{8}=\frac{11}{8}=1\frac{3}{8}$$
$$\frac{12}{5}-\frac{1}{10}-\frac{3}{20}=\frac{48}{20}-\frac{2}{20}-\frac{3}{20}=\frac{43}{20}=2\frac{3}{20}$$
$$\frac{11}{12}-\frac{2}{3}=\frac{11}{12}-\frac{8}{12}=\frac{3^{:3}}{12}=\frac{1}{4}$$
$$5\frac{1}{3}+7\frac{5}{6}=\frac{16}{3}+\frac{47}{6}=\frac{32}{6}+\frac{47}{6}=\frac{79}{6}=13\frac{1}{6}$$
$$5\frac{1}{3}+7\frac{5}{6}=5+7+\frac{1}{3}+\frac{5}{6}=12+\frac{2}{6}+\frac{5}{6}=$$
$$=12+\frac{7}{6}=13\frac{1}{6}$$

Multiplikation von Brüchen
Wandle <u>gemischte Zahlen</u> in Brüche um. Brüche werden multipliziert, indem man Zähler mit Zähler und Nenner mit Nenner multipliziert.
Falls möglich, sollte vor der Multiplikation gekürzt werden.

Beispiele:
$$\frac{4^1}{7_1}\cdot\frac{14^{2^1}}{32_8}\cdot\frac{1}{4_2}=\frac{1}{16}$$
$$2\frac{3}{5}\cdot 3\frac{1}{6}=\frac{13}{5}\cdot\frac{19}{6}=\frac{247}{30}=8\frac{7}{30}$$

Division von Brüchen
Wandle <u>gemischte Zahlen</u> in Brüche um. Brüche werden dividiert, indem man den Dividenden (erster Bruch) mit dem Kehrwert des Divisors (zweiter Bruch) multipliziert.

Beispiel:
$$\frac{3}{4}:\frac{6}{5}=\frac{3^1}{4}\cdot\frac{5}{6_2}=\frac{5}{8}$$
$$6\frac{1}{2}:2\frac{3}{4}=\frac{13}{2}:\frac{11}{4}=\frac{13}{2_1}\cdot\frac{4^2}{11}=\frac{26}{11}=2\frac{4}{11}$$
$$\frac{7}{3}:\frac{1}{15}=\frac{7}{3_1}\cdot\frac{15^5}{1}=35$$

Dezimalbrüche

Folgende Brüche und ihre Dezimalzahlen solltest du auswendig lernen:

$\frac{1}{10} = 0,1 \quad \frac{2}{10} = 0,2 \quad \frac{3}{10} = 0,3 \quad ...$

$\frac{1}{5} = 0,2 \quad \frac{2}{5} = 0,4 \quad \frac{3}{5} = 0,6 \quad ...$

$\frac{1}{4} = 0,25 \quad \frac{2}{4} = \frac{1}{2} = 0,5 \quad \frac{3}{4} = 0,75$

$\frac{1}{3} = 0,333... = 0,\overline{3} \quad \frac{3}{2} = 1,5$

Addition und Subtraktion von Dezimalbrüchen

<u>Hinweis</u>: Komma unter Komma!

Beispiel:
$341,35 + 5024,16 + 4,98 =$

$$\begin{array}{r} 341,35 \\ +\ 5024,16 \\ +\ 4,98 \\ \hline 5370,49 \end{array}$$

$14321,8 - 5413,171 - 13,01 =$

$$\begin{array}{r} 14321,800 \\ -\ 5413,171 \\ -\ 13,010 \\ \hline 8895,619 \end{array}$$

Multiplikation von Dezimalbrüchen

<u>Hinweis</u>: Das Produkt hat so viele Kommastellen wie die Faktoren zusammen.

Beispiel:
$14,19 \cdot 7,4 = 105,006$
$425,125 \cdot 0,31 = 131,78875$

Division von Dezimalbrüchen

<u>Hinweis</u>: Im Divisor darf kein Komma vorkommen. Deshalb wird das Komma bei beiden Zahlen um so viele Stellen nach rechts verschoben, bis der Divisor eine natürliche Zahl ist.

Beispiel:
$4,875 : 1,5$
$48,75 : 15 = 3,25$

Aufgaben

7. Wandle in eine gemischte Zahl um.

a) $\frac{63}{29}$ b) $\frac{109}{26}$ c) $\frac{319}{39}$ c) $\frac{237}{44}$

8. Wandle in einen unechten Bruch um.

a) $1\frac{27}{35}$ b) $2\frac{3}{17}$ c) $12\frac{2}{3}$ d) $9\frac{7}{8}$

Training Grundwissen

9. Erweitere jeweils mit der in Klammern angegebenen Zahl.

a) $\dfrac{2}{3}$ (13)   b) $\dfrac{13}{24}$ (7)   c) $\dfrac{6}{17}$ (11)   d) $\dfrac{19}{26}$ (8)

10. Kürze so weit wie möglich.

a) $\dfrac{51}{119}$ b) $\dfrac{104}{182}$ c) $3\dfrac{75}{135}$ d) $5\dfrac{84}{189}$

11. Berechne.

a) $1\dfrac{7}{8} - \dfrac{9}{8}$ b) $3\dfrac{2}{15} + 1\dfrac{7}{15}$ c) $1\dfrac{13}{28} + \dfrac{17}{28}$ d) $4\dfrac{2}{9} - 2\dfrac{5}{9}$

12. Berechne.

a) $\dfrac{2}{15} + 1\dfrac{1}{6} - \dfrac{1}{4}$ b) $5\dfrac{6}{7} - 2\dfrac{13}{14} - 1\dfrac{8}{21}$ c) $1\dfrac{3}{8} + 2\dfrac{5}{6} + 3\dfrac{1}{4}$ d) $3\dfrac{2}{5} - 1\dfrac{7}{22} + 1\dfrac{7}{10}$

13. Berechne.

a) $\dfrac{7}{18} \cdot \dfrac{24}{35}$ b) $\dfrac{144}{145} : \dfrac{18}{29}$ c) $\dfrac{22}{51} \cdot \dfrac{34}{77}$ d) $\dfrac{3}{14} : \dfrac{9}{49}$

14. a) $\left(1\dfrac{5}{6} - \dfrac{7}{12} + 2\dfrac{2}{9}\right) \cdot \dfrac{63}{125}$

b) $\left(2\dfrac{7}{15} - 1\dfrac{5}{6}\right) : \left(2\dfrac{3}{7} + \dfrac{1}{4}\right)$

c) $\left(3\dfrac{7}{26} \cdot 1\dfrac{9}{17}\right) : \left(2\dfrac{4}{13} : 1\dfrac{2}{3}\right)$

3. Rationale Zahlen

Betrag einer Zahl

Als Betrag bezeichnet man eine Zahl ohne Vorzeichen.

Beispiel:
+5 und −5 haben den Betrag 5.

Addition rationaler Zahlen

− **zwei negative rationale Zahlen**

Das Vorzeichen bleibt negativ.
Die Beträge werden addiert.

Beispiel:
$(-17,9) + (-42,8) = -60,7$

− **einer positiven und einer negativen rationalen Zahl**

Das Ergebnis erhält das Vorzeichen des Summanden mit dem größeren Betrag.
Der kleinere Betrag wird vom größeren Betrag subtrahiert.

Beispiele:
$(+78,2) + (-89,7) = -11,5$
$(+114,1) + (-97,4) = +16,7$

Training Grundwissen

Subtraktion rationaler Zahlen
Die Subtraktion erfolgt durch die Addition der Gegenzahl.

Beispiel:
$(+26,8) - (+12,5) = (+26,8) + (-12,5)$
$ = +14,3$

Multiplikation und Division rationaler Zahlen
Es gelten folgende Vorzeichenregeln:

Multiplikation	Division
+ · + = +	+ : + = +
− · − = +	− : − = +
+ · − = −	+ : − = −
− · + = −	− : + = −

Treffen bei Multiplikation oder Division zwei gleiche Vorzeichen aufeinander, so ist das Ergebnis positiv, bei verschiedenen Vorzeichen ist das Ergebnis negativ.

Beispiele:
$2,86 \cdot (-4,8) = -13,728$
$(-16,4) : (-4,1) = +4$
$(-11,21) \cdot (-3,25) = +36,4325$
$(-55,5) : 5 = -11,1$
$(-2,1) \cdot 3,81 \cdot (-4) = +32,004$
$\left(-\frac{2}{3}\right) \cdot \frac{9}{14} = -\left(\frac{\cancel{2}^1}{\cancel{3}_1} \cdot \frac{\cancel{9}^3}{\cancel{14}_7}\right) = -\frac{3}{7}$

Aufgaben

15. a) $(-137,2) + (-83,5) =$

b) $(-29,7) - (-26,8) =$

c) $105,8 - (+17,6) + (-28,7) =$

d) $(-37,9) - (+18,6) - (-12,8) =$

e) $23,7 + (+36,1) - (-9,2) =$

16. a) $(-12,87) \cdot (+3,6) =$

b) $(-9,2) \cdot (-17,8) =$

c) $(-1,2) \cdot (-3,8) \cdot (-4,2) =$

d) $(-12,6) : (+4,2) =$

e) $(-299,72) : (-12,7) =$

17. a) $(-17,2) - (8,6) \cdot (-2,3) =$

b) $(-16,4) : (+4,1) + (-22,79) : (-5,3) =$

c) $(-2,8) \cdot (-7,5) + (-41,6) : (-5,2) =$

d) $282,2 - (-3,7) \cdot (-5,8) + (+25,5) : (-5,1) =$

e) $[(17,3) - (-9,8)] \cdot [(+10,4) : (-1,3)] =$

18. a) $\left(-\frac{6}{7}\right) \cdot \left(1\frac{1}{6}\right) =$
b) $\left(-1\frac{7}{33}\right) : \left(-2\frac{2}{3}\right) =$
c) $\left(-\frac{3}{14}\right) \cdot \left(-\frac{7}{18}\right) : \left(-\frac{7}{24}\right) =$

d) $\frac{2}{3} - \left(-\frac{13}{17}\right) \cdot \left(1\frac{8}{9}\right) =$
e) $13\frac{1}{2} + \left(2\frac{1}{5}\right) \cdot \left(-3\frac{1}{3}\right) =$

4. Potenzen

a^n a: Basis (Grundzahl)
      n: Exponent (Hochzahl)

Der Exponent gibt an, wie oft die Basis als Faktor steht.

Beispiel:
$4^3 = 4 \cdot 4 \cdot 4 = 64$

Zehnerpotenzen
$10^0 = 1$
$10^1 = 10$ (Exponent 1, das bedeutet 1 Null)
$10^2 = 10 \cdot 10 = 100$ (Exponent 2, das bedeutet 2 Nullen)
$10^3 = 10 \cdot 10 \cdot 10 = 1000$ (Exponent 3, das bedeutet 3 Nullen)

Quadratzahlen

Wird eine Zahl mit sich selbst multipliziert, so erhält man das Quadrat der Zahl.

Die Quadrate der natürlichen Zahlen von 0 bis 20 solltest du auswendig lernen:

$0^2 = 0$	$11^2 = 121$
$1^2 = 1$	$12^2 = 144$
$2^2 = 4$	$13^2 = 169$
$3^2 = 9$	$14^2 = 196$
$4^2 = 16$	$15^2 = 225$
$5^2 = 25$	$16^2 = 256$
$6^2 = 36$	$17^2 = 289$
$7^2 = 49$	$18^2 = 324$
$8^2 = 64$	$19^2 = 361$
$9^2 = 81$	$20^2 = 400$
$10^2 = 100$	

$\sqrt{a}$ ist die nichtnegative Zahl, deren Quadrat a ist. Sie heißt Quadratwurzel aus a.

Hinweis: Das Wurzelziehen aus negativen Zahlen ist nicht zulässig.

Beispiele:
$\sqrt{25} = 5,$ denn $5^2 = 25$
$\sqrt{196} = 14,$ denn $14^2 = 196$
$\sqrt{0,36} = 0,6,$ denn $0,6^2 = 0,36$
$\sqrt{0} = 0,$ denn $0^2 = 0$

Große Zahlen werden häufig als Produkt aus einer Zahl zwischen 1 und 10 und einer Zehnerpotenz mit positivem Exponenten dargestellt:

Beispiele:
$3\,000\,000 = 3 \cdot 10^6$
$720\,000\,000 = 7,2 \cdot 10^8$
$35\,400\,000\,000 = 3,54 \cdot 10^{10}$

Kleine Zahlen werden häufig als Produkt aus einer Zahl zwischen 1 und 10 und einer Zehnerpotenz mit negativem Exponenten dargestellt:

Beispiele:
$0,000072 = 7,2 \cdot 10^{-5}$
$0,04 = 4 \cdot 10^{-2}$
$0,00035 = 3,5 \cdot 10^{-4}$

Training Grundwissen

Potenzgesetze

1. Potenzen mit gleichen Basen werden multipliziert, indem man die Exponenten addiert und die Basis beibehält.
$a^m \cdot a^n = a^{m+n}$

   Beispiel:
   $x^3 \cdot x^5 = x^{3+5} = x^8$

2. Potenzen mit gleichen Basen werden dividiert, indem man die Exponenten subtrahiert und die Basis beibehält.
$\dfrac{a^m}{a^n} = a^{m-n}$

   Beispiele:
   $\dfrac{y^5}{y^2} = y^{5-2} = y^3$
   $\dfrac{d^4}{d^{-2}} = d^{4-(-2)} = d^{4+2} = d^6$

3. Potenzen mit gleichen Exponenten werden multipliziert, indem man die Basen multipliziert und den Exponenten beibehält.
$a^n \cdot b^n = (a \cdot b)^n$

   Beispiele:
   $a^3 \cdot x^3 = (ax)^3$
   $4^2 \cdot 5^2 = (4 \cdot 5)^2 = 20^2 = 400$

4. Potenzen mit gleichen Exponenten werden dividiert, indem man die Basen dividiert und den Exponenten beibehält.
$\dfrac{a^n}{b^n} = \left(\dfrac{a}{b}\right)^n$

   Beispiele:
   $\dfrac{x^5}{y^5} = \left(\dfrac{x}{y}\right)^5$; $\dfrac{4^x}{12^x} = \left(\dfrac{4}{12}\right)^x = \left(\dfrac{1}{3}\right)^x$

5. Potenzen werden potenziert, indem man die Exponenten multipliziert.
$(a^m)^n = (a^n)^m = a^{m \cdot n}$

   Beispiel:
   $(x^2)^4 = x^{2 \cdot 4} = x^8$

Beachte folgende Festlegungen:
($a \in \mathbb{R} \setminus \{0\}; n \in \mathbb{N}$):
$a^0 = 1$
$a^1 = a$
$a^{-n} = \dfrac{1}{a^n}$

Beispiele:
$5^0 = 1$
$18^0 = 1$
$5^1 = 5$
$10^1 = 10$

$2^{-3} = \dfrac{1}{2^3} = \dfrac{1}{8}$
$x^{-5} = \dfrac{1}{x^5}$
$\dfrac{1}{3^{-2}} = 3^2 = 9$
$1\dfrac{m}{s} = 1\,m \cdot s^{-1}$

Für Potenzen mit ganzzahligen Exponenten gelten dieselben Gesetze wie für Potenzen mit natürlichen Exponenten.

<u>Wurzelziehen</u> oder Radizieren ist die Umkehrung des Potenzierens.

Beispiel:
$\sqrt[4]{81} = 3$, denn $3^4 = 81$

Potenzen der Form $a^{\frac{1}{n}}$
$a^{\frac{1}{n}} = \sqrt[n]{a}$ ($a \in \mathbb{R}_+, n \in \mathbb{N} \setminus \{0\}$)

Beispiele:
$9^{\frac{1}{2}} = \sqrt{9} = 3$; $8^{\frac{1}{3}} = \sqrt[3]{8} = 2$

Potenzen der Form $a^{\frac{m}{n}}$
$a^{\frac{m}{n}} = \sqrt[n]{a^m} = (\sqrt[n]{a})^m$
($a \in \mathbb{R}_+, m \in \mathbb{Z}, n \in \mathbb{N} \setminus \{0\}$)

Beispiele:
$a^{\frac{2}{3}} = \sqrt[3]{a^2}$; $8^{\frac{2}{3}} = \sqrt[3]{8^2} = (\sqrt[3]{8})^2 = 2^2 = 4$

Aufgaben

19. Berechne.

a) $0{,}5^3$ b) $0{,}02^4$ c) $2{,}1^2$ d) $0{,}001^2$

e) $\sqrt{0{,}04}$ f) $\sqrt[4]{0{,}0256}$ g) $\sqrt[3]{0{,}027}$ h) $\sqrt[5]{0{,}00032}$

20. Schreibe als Produkt einer Zahl zwischen 1 und 10 und einer Zehnerpotenz.

a) $375\,000\,000\,000$

b) $83\,920\,000\,000\,000$

c) $1\,207\,000\,000\,000\,000$

d) $0{,}000\,000\,123$

e) $0{,}000\,002\,705$

f) $0{,}000\,000\,012$

21. Fasse zusammen.

a) $(a^7 b^2 c^4) \cdot (b^6 a^9 c^4)$

b) $(x^2 y^4) \cdot (xy^7 x^6)$

c) $(uv^3 w) \cdot (vw^8)$

22. Schreibe ohne Klammern.

a) $(x^7 y^2)^3$ b) $(a^2 bc^3)^4 \cdot (a^2 b)^3$

c) $(u^4 vw^3)^2 \cdot (3u^2)^3$ d) $(2a^3 b^2)^4 \cdot (5ab^3)^3$

23. Vereinfache.

a) $(r^3 s^{-1} t^2)^{-2} : (r^2 t)^{-3}$

b) $(ab^3 c^2)^2 \cdot (a^{-3} b^5 c^{-2})^5$

c) $\left(\dfrac{a^2 b^{-1} c^3}{c^{-2} a^3 b^2} \right)^2$

d) $\left(\dfrac{x^2 y^{-3}}{xz^{-2}} \right)^{-2} : \left(\dfrac{y^3 z^{-4}}{x^3} \right)^2$

e) $\left[\left(\dfrac{a^{-2} b}{c^4 d^{-3}} \right)^5 \right]^{-2}$

24. a) Vereinfache.

a) $(16 a^4 b^{12} c^{-8})^{\frac{1}{4}}$ b) $(729 c^{15} d^{-6} e^{12})^{-\frac{1}{3}}$

c) $\sqrt[4]{256 a^{16} b^{-20} c^{24}}$ d) $\sqrt[5]{243 r^{-5} s^{15} \cdot 32 t^{-20}}$

Training Grundwissen

5. Proportionalität und Antiproportionalität

Liegt eine Zuordnung vor, bei der die zweite Größe im gleichen Verhältnis wächst wie die erste Größe, dann sprechen wir von einer Proportionalität.

Beispiel:
1 ℓ Benzin kostet 1,08 €
2 ℓ Benzin kosten 2,16 €

Verdoppelt man die Warenmenge, dann verdoppelt sich auch der Preis.
Die Berechnung erfolgt über den Dreisatz:

Beispiel:
8 Rollen Tapete kosten 62,40 €.
Wie viel kosten 13 Rollen?

	Anzahl der Rollen	Preis in Euro	
: 8	8	62,40	: 8
· 13	1	7,80	· 13
	13	101,40	

Hinweis: An den Pfeilen muss immer die gleiche Rechenoperation durchgeführt werden.

13 Rollen Tapete kosten 101,40 €.

Liegt eine Zuordnung vor, bei der die erste Größe wächst und die zweite Größe im gleichen Verhältnis fällt, dann sprechen wir von einer Antiproportionalität.

Beispiel:
3 Pumpen benötigen zum Leeren eines Wasserbeckens 15 Stunden. Wie lange brauchen 5 Pumpen gleicher Leistung für dasselbe Becken?

Vergrößert man die Anzahl der Pumpen, verringert sich die Zeit im gleichen Verhältnis.

Die Berechnung erfolgt über den **Dreisatz**:

	Anzahl der Pumpen	Zeit in Stunden	
: 3	3	15	· 3
· 5	1	45	: 5
	5	9	

Hinweis: An den Pfeilen wird rechts immer die entgegengesetzte Rechenoperation durchgeführt.

5 Pumpen brauchen 9 Stunden.

Aufgaben

25. Ein Wagen verbraucht im Stadtverkehr 11,3 ℓ Benzin auf 100 km. Wie viel Benzin verbraucht er auf 34 km?

26. 4 Tafeln Schokolade kosten 2,76 €. Wie viel kosten 15 Tafeln der gleichen Schokolade?

27. Frau Mayer kauft 2 kg Äpfel und 3 kg Orangen und zahlt dafür 6,31 €. Herr Werner kauft ebenfalls 3 kg Orangen, aber 5 kg Äpfel und bezahlt 10,78 €. Was kostet ein kg Äpfel, was ein kg Orangen?

28. 3 Maschinen stellen bei 8 Stunden Betrieb 8 352 Stanzteile her. Wie viele Stanzteile stellen 7 Maschinen in 9 Stunden her?

29. 8 Arbeiter können einen Rohbau in 6 Arbeitstagen zu je 8 Stunden fertig stellen. Nach zwei Tagen werden zwei Arbeiter von dieser Baustelle abgezogen. Wie lange dauert nun die Fertigstellung des Rohbaus noch, wenn die verbleibenden Arbeiter täglich 9 Stunden arbeiten?

30. Zwei Pumpen gleicher Leistung leeren ein Schwimmbecken in 12,5 Stunden. Wie lange dauert das Leeren des Beckens, wenn nach 3 Stunden eine dritte Pumpe gleicher Leistung hinzugefügt wird?

6. Prozentrechnung

Beim Rechnen benötigen wir drei Begriffe:
Grundwert G (Ausgangswert; er entspricht immer 100 %)
Prozentsatz p % (immer zu erkennen am Prozentzeichen %)
Prozentwert P (ist ein Teil des Grundwertes)

Beispiel:
25 % von 1 000 m sind 250 m.
Grundwert G = 1 000 m
Prozentsatz p % = 25 %
Prozentwert P = 250 m

Folgende Prozentsätze werden häufig benutzt, daher solltest du sie auswendig lernen:
1 % vom Grundwert G ist der 100. Teil von G
10 % vom Grundwert G ist der 10. Teil von G
25 % vom Grundwert G ist der 4. Teil von G
$33\frac{1}{3}$ % vom Grundwert G ist der 3. Teil von G
50 % vom Grundwert G ist die Hälfte von G

Die Berechnung der einzelnen Werte erfolgt über den Dreisatz.

Berechne den Prozentwert P

Beispiel:
Ein Pkw kostet 21 500 €. Bei Barzahlung gibt der Händler 4 % Rabatt. Wie viel Euro kann der Kunde sparen?

	Prozent	Preis	
: 100	100 %	21 500 €	: 100
· 4	1 %	215 €	· 4
	4 %	860 €	

860 € kann der Kunde bei Barzahlung sparen.

Training Grundwissen

Berechne den Prozentsatz p %

Beispiel:
Bei einer Fahrt ins Schullandheim können von 27 Schülern 3 Schüler wegen Krankheit nicht teilnehmen. Wie viel Prozent sind das?

	Anzahl der Schüler	Prozent	
: 27	27	100 %	) : 27
· 3	1	≈ 3,7 %	) · 3
	3	≈ 11,1 %	

Es konnten rund 11,1 % der Schüler nicht an der Fahrt teilnehmen.

Berechne den Grundwert G

Beispiel:
Ein Auszubildender spart jeden Monat 42,00 €. Das sind 12 % seines Lohnes. Wie hoch ist sein Monatslohn?

	Prozent	Geld	
: 12	12 %	42,00 €	) : 12
· 100	1 %	3,50 €	) · 100
	100 %	350,00 €	

Er hat einen Monatslohn von 350,00 €.

Aufgaben

31. Frau Wagner hat eine Kundenkarte in einem Dritte-Welt-Laden. Damit bekommt sie 3 % Rabatt auf alle Waren, die sie dort kauft. Heute kauft sie 100 g Tee zu 6,40 € und eine Handtasche zu 39,90 €. Wie viel muss sie zahlen? Wie viel macht der Preisnachlass aus?

32. In einem Großmarkt kostet eine Waschmaschine einschließlich Mehrwertsteuer (19 %) 761,60 €. Wie hoch ist der Preis ohne Mehrwertsteuer?

33. Frau Radke zahlt eine Handwerkerrechnung innerhalb von 7 Tagen und erhält dadurch 2 % Skonto. Damit spart sie 152,60 €. Wie hoch war der Rechnungsbetrag?

34. Im Herbst kostet ein Wintermantel 495,00 €. Da er Ende Dezember immer noch nicht verkauft ist, wird sein Preis um 10 % gesenkt. Ende Januar hängt der Mantel immer noch im Geschäft. Nun wird sein Preis nochmals gesenkt; er kostet jetzt nur noch 334,00 €.

a) Wie viel Prozent des ursprünglichen Preises beträgt der Endpreis im Januar?

b) Wie viel kostete der Mantel Ende Dezember?

c) Um wie viel Prozent wurde der Dezemberpreis im Januar gesenkt?

35. Bei der Kommunalwahl 2001 gab es in Bad Salzschlirf folgende Anzahl von Wahlberechtigten bzw. Wählern:

Nr.	Wahllokal	Wahl-berechtigte	Wähler
1	Grundschule	1218	527
2	Haus des Gastes	1248	635
B1	Briefwahl	–	258
	gesamt		

a) Vervollständige die Tabelle.
   Wie hoch war die Wahlbeteiligung? (Auf eine Stelle nach dem Komma runden).

b) Bei dieser Wahl erhielten die einzelnen Parteien und Gruppierungen folgende Stimmanteile:

Partei	Prozentsatz	Sitze
CDU	39,8 %	
SPD	12,6 %	
FDP	8,0 %	
Freie Wähler	37,8 %	
Sonstige	1,8 %	

Im Gemeinderat gibt es 23 Sitze. Wie viele Sitze erhielten die einzelnen Parteien? Vervollständige die obige Tabelle.

c) Wie viel Prozent aller Wahlberechtigten wählten per Briefwahl? Wie viel Prozent aller Wähler waren das?

d) Im Wahlbezirk 1 wurden insgesamt 10 611 Stimmen abgegeben. Hier die einzelnen Ergebnisse:

Parteien	CDU	SPD	FDP	Freie Wähler	Sonstige
Stimmen		1417	671		220
Prozentsatz	40,4 %			37,8 %	

Vervollständige die Tabelle! (Prozentsätze auf 1 Stelle nach dem Komma, Stimmen auf ganze Zahlen runden).
Wie erklärst du den Unterschied zwischen der angegebenen Zahl der insgesamt abgegebenen Stimmen und den berechneten Werten?
Anmerkung: Bei einer Gemeinderatswahl kann jeder Wähler maximal so viele Stimmen vergeben, wie es Sitze im Gemeinderat gibt.

Training Grundwissen

7. Zinsrechnung

Die Zinsrechnung ist eine Anwendung der Prozentrechnung in der Geldwirtschaft.
Für die Zinsrechnung benötigen wir folgende Begriffe:

Kapital K $\stackrel{\wedge}{=}$ Grundwert G
Zinsen Z $\stackrel{\wedge}{=}$ Prozentwert P
Zinssatz p $\stackrel{\wedge}{=}$ Prozentsatz p

Die Berechnungen erfolgen wie in der Prozentrechnung mit dem **Dreisatz**.

Berechnung der Zinsen Z

Beispiel:
Herr Müller hat 7 500 € auf seinem Sparbuch. Er bekommt für eine feste Anlage von 2 Jahren 3,5 % Zinsen. Wie viel Zinsen erhält er am Ende der Laufzeit?

1. Jahr:

Prozent	Geld
100 %	7 500 €
1 %	75 €
3,5 %	262,50 €

(: 100 links, · 3,5 links; : 100 rechts, · 3,5 rechts)

2. Jahr: 7 500 € + 262,50 € = 7 762,50 €

Prozent	Geld
100 %	7 762,50 €
1 %	77,625 €
3,5 %	≈ 271,69 €

262,50 € + 271,69 € = 534,19 €

Am Ende der Laufzeit erhält er 534,19 € Zinsen.

Berechnung der Monatszinsen

Beispiel:
Herr Bauer hat 25 000 € mit einem Zinssatz von 2,75 % angelegt. Wie hoch sind die Zinsen nach 3 Monaten?

Jahreszinsen:

Prozent	Geld
100 %	25 000 €
1 %	250 €
2,75 %	687,50 €

Monatszinsen: 687,50 € : 12 Monate ≈ 57,29 € pro Monat
57,20 € · 3 Monate ≈ 171,88 €

Für 3 Monate erhält er 171,88 € Zinsen.

Aufgaben

36. Lea hat 2 300 € auf dem Sparbuch. Nach einem Jahr werden ihr 28,75 € Zinsen gutgeschrieben.
Wie viel Prozent Zinsen gibt die Bank?

37. Janis hat 1 850 € auf einem Sparbuch zu 1,75 % angelegt. Wie viel Zinsen bekommt er nach einem Jahr?

38. Leonie hat ihr Geld auf einem Sparbuch, das mit 1,4 % verzinst wird. Nach einem Jahr bekommt sie 31,50 € Zinsen. Wie hoch ist ihre Spareinlage?

39. Benjamin hat 3 500 € auf einem Sparbuch mit steigendem Zinssatz angelegt. Im ersten Jahr bekommt er 2 %, im zweiten Jahr 3 % und im dritten Jahr 4 % Zinsen. Wie viel Geld hat er nach drei Jahren, wenn die Zinsen mitverzinst werden?

8. Umrechnungen von Größen

Längenmaße

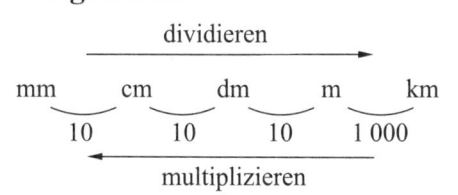

mm — cm — dm — m — km
(dividieren: ·10, ·10, ·10, ·1 000 / multiplizieren in umgekehrter Richtung)

Beispiele:
600 mm = 600 : 10 cm = 60 cm
15,8 m = 15,8 · 100 cm = 1580 cm

Flächenmaße

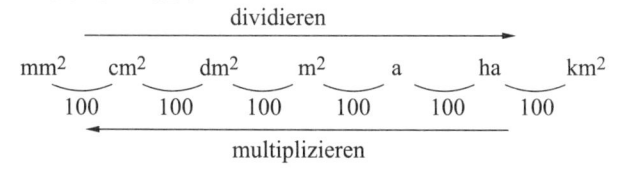

mm² — cm² — dm² — m² — a — ha — km²
(dividieren/multiplizieren jeweils mit 100)

Beispiele:
895 410 cm² = 895 410 : 100 dm² = 8 954,1 dm²
7,15 m² = 7,15 · 100 dm² = 715 dm²

1 ha = 1 Hektar; 1 a = 1 Ar

Raummaße (Volumeneinheiten)

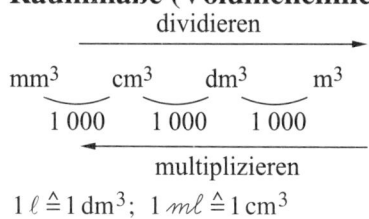

mm³ — cm³ — dm³ — m³
(dividieren/multiplizieren jeweils mit 1 000)

Beispiel:
4 000 ℓ = 4 000 dm³ = 4 000 : 1 000 m³ = 4 m³
1,3 m³ = 1,3 · 1000 dm³ = 1300 dm³ = 1300 ℓ

1 ℓ ≙ 1 dm³; 1 mℓ ≙ 1 cm³
1 ℓ ≙ 1000 mℓ; 1 hℓ ≙ 100 ℓ

Zeiteinheiten

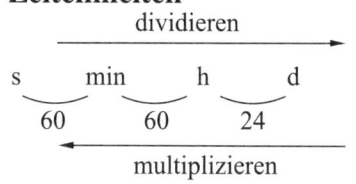

s — min — h — d
(dividieren: ·60, ·60, ·24 / multiplizieren in umgekehrter Richtung)

Beispiele:
2 d = 2 · 24 h = 48 h
7 min 13 s = 7 · 60 s + 13 s = 420 s + 13 s = 433 s
290 s = 240 : 60 min + 50 s = 4 min 50 s

1 d = 1 Tag; 1 h = 1 Stunde;
1 s = 1 Sekunde; 1 min = 1 Minute

Masseeinheiten

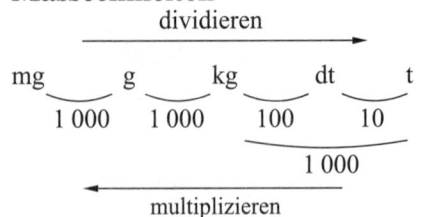

dividieren →

mg — g — kg — dt — t
1 000 1 000 100 10
1 000

← multiplizieren

Beispiele:
28125 g = 28125 : 1000 kg = 28,125 kg
3,45 t = 3,45 · 10 dt = 34,5 dt

Für alle Größen gilt: Einheit größer → Zahl kleiner, deshalb dividieren durch die Umrechnungszahl
Einheit kleiner → Zahl größer, deshalb multiplizieren mit der Umrechnungszahl

Aufgaben

40. Rechne in die angegebene Einheit um.

a) 1,23 m (mm)   b) 2,72 dm (cm)
c) 437,5 m (km)   d) 0,3568 km (dm)
e) 17 cm (mm)   f) 0,0052 m (mm)
g) 2 019 mm (m)   h) 127,6 dm (m)

41. Rechne in die angegebene Einheit um.

a) 0,01 km² (m²)   b) 6,906 dm² (mm²)
c) 626 m² (ha)   d) 9,7 mm² (cm²)
e) 3 027 a (m²)   f) 0,0027 ha (m²)
g) 17 665 cm² (m²)   h) 0,023 m² (mm²)

42. Rechne in die angegebene Einheit um.

a) 0,063 m³ (ℓ)   b) 3 mℓ (dm³)
c) 12,06 hℓ (m³)   d) 728,6 cm³ (hℓ)
e) 3,2 cm³ (dm³)   f) 1,024 m³ (dm³)
g) 825,6 dm³ (m³)   h) 12 829 cm³ (m³)

43. Rechne in die angegebene Einheit um.

a) 3,25 h (min)   b) 6 d 7h (h)
c) 7,6 min (s)   d) 2 h 24 min (s)
e) 17 h 12 min (h)   f) 37 653 s (h)
g) 8 280 s (h)   h) 187 200 s (h)

44. Rechne in die angegebene Einheit um.

a) 23 g (kg)   b) 0,0672 kg (g)
c) 738 g (kg)   d) 6,7 kg (dt)
e) 72,5 kg (t)   f) 0,032 t (kg)
g) 52,3 g (mg)   h) 327 865 mg (kg)

9. Terme vereinfachen

Beim Zusammenfassen von Termen müssen folgende Regeln beachtet werden:

Plus-Klammer-Regel
Steht ein „+" vor der Klammer, kann man die Klammer einfach weglassen.

Beispiel:
$$4x + (5x - 2y)$$
$$= 4x + 5x - 2y$$
$$= 9x - 2y$$

Minus-Klammer-Regel
Steht ein „–" vor der Klammer, kann man die Klammer nur dann weglassen, wenn man die Rechenzeichen in der Klammer umkehrt.

Beispiel:
$$4x - (5x - 2y)$$
$$= 4x - 5x + 2y$$
$$= -x + 2y$$

Ausmultiplizieren (Distributivgesetz)
Eine Summe wird mit einem Term multipliziert, indem man jeden Summanden mit dem Term multipliziert und die Produkte addiert.

Beispiel:
$$4a(3x + 2y)$$
$$= 4a \cdot 3x + 4a \cdot 2y$$
$$= 12ax + 8ay$$

Multiplikation von Summen
Eine Summe wird mit einer Summe multipliziert, indem jeder Summand der ersten Summe mit jedem Summanden der zweiten Summe multipliziert wird und die Produkte addiert werden.

Beispiel:
$$(3x + 2y) \cdot (2x - 3y)$$
$$= 3x \cdot 2x - 3x \cdot 3y + 2y \cdot 2x - 2y \cdot 3y$$
$$= 6x^2 - 9xy + 4xy - 6y^2$$
$$= 6x^2 - 5xy - 6y^2$$

Binomische Formeln
$(a+b)^2 = a^2 + 2ab + b^2$
$(a-b)^2 = a^2 - 2ab + b^2$
$(a+b)(a-b) = a^2 - b^2$

Beispiele:
$$(4x+y)^2 = (4x)^2 + 2 \cdot 4x \cdot y + y^2$$
$$= 16x^2 + 8xy + y^2$$
$$(2c-5d)^2 = (2c)^2 - 2 \cdot 2c \cdot 5d + (5d)^2$$
$$= 4c^2 - 20cd + 25d^2$$
$$(4x+2y)(4x-2y) = (4x)^2 - (2y)^2$$
$$= 16x^2 - 4y^2$$

Aufgaben

45. Fasse zusammen:

a) $17x + (27 - 3y + 6x) - 29x$

b) $-(25a + 11b - 7c) + 13a - (19c - 8b)$

c) $-20x - (19y - 37x) + (3x - 5y)$

d) $133a - 37b - (-28c + 43a - 17b)$

Training Grundwissen

46. Multipliziere aus und fasse zusammen.
 a) $2(3x-5y)+3(8y-7x)$
 b) $27a-6\cdot(2a-b-2c)+3\cdot(b-c)$
 c) $2\cdot(1,5x-7,5y)-6\cdot(0,5x-y-2,5)$
 d) $133a-7\cdot(32a-18b)+105b$

47. Multipliziere aus und fasse zusammen.
 a) $(3x-4y)\cdot(2y-6x)$
 b) $(3a-b)\cdot(5b-3a+2)$
 c) $(6x-3y+4z)\cdot(x-2y-3z)$
 d) $(a-b-c)\cdot(7a-3b-2c)$

48. Klammere aus.
 a) $27x-18y-54z$
 b) $26ax^2-39a^2x+169a^3$
 c) $x^3y^4z^2+5x^2yz^3-7x^4y^3z^4$
 d) $-21r^5t^6-35r^2t^4-28r^3t^3$

49. Berechne.
 a) $(x-3y)^2$
 b) $(4x+3y)^2$
 c) $(2,5x-y)\cdot(2,5x+y)$
 d) $(0,5a-5b)^2$
 e) $\left(\dfrac{1}{3}r+\dfrac{1}{5}s\right)^2$
 f) $\left(2\dfrac{2}{3}u-\dfrac{3}{4}v\right)\cdot\left(2\dfrac{2}{3}u+\dfrac{3}{4}v\right)$

50. Faktorisiere.
 a) $49a^2+112ab+64b^2$
 b) $1,21x^2-1,44y^2$
 c) $0,16u^2+0,56uv+0,49v^2$
 d) $5\dfrac{1}{16}x^2-1\dfrac{11}{25}y^2$
 e) $1,69a^2-15,6ab+36b^2$
 f) $\dfrac{4}{9}x^2-2xy+2\dfrac{1}{4}y^2$

10. Lösen von Gleichungen

Lineare Gleichungen

Beim Lösen linearer Gleichungen sind folgende Umformungsregeln anzuwenden:

I. Die Seiten können vertauscht werden.

II. Auf jeder der beiden Seiten der Gleichung kann man dieselbe Zahl bzw. denselben Term addieren oder subtrahieren.

III. Auf jeder der beiden Seiten der Gleichung kann man mit derselben von null verschiedenen Zahl bzw. demselben Term multiplizieren oder durch sie dividieren.

Beispiel:
$$2x + 3 = 4x$$
$$4x = 2x + 3$$
$$4x = 2x + 3 \quad | -2x$$
$$2x = 3$$
$$2x = 3 \quad | :2$$
$$x = \frac{3}{2}$$

Man erhält immer eine äquivalente Gleichung. Weiterhin wenden wir die gleichen Regeln wie bei Termen an.

Beispiele:
$$2(x+5) = -3 + 3(4+x) \quad | \text{Klammern ausmultiplizieren}$$
$$2x + 10 = -3 + 12 + 3x \quad | \text{gleiche Terme zusammenfassen}$$
$$2x + 10 = 9 + 3x \quad | -3x$$
$$-x + 10 = 9 \quad | -10$$
$$-x = -1 \quad | :(-1)$$
$$\underline{\underline{x = 1}} \quad L = \{1\}$$

Probe: Bei der Durchführung der Probe setzen wir die Lösung $x = 1$ in die Ausgangsgleichung ein. Auf beiden Seiten der Gleichung muss jeweils das gleiche Ergebnis herauskommen.

$$2(1+5) \stackrel{?}{=} -3 + 3(4+1)$$
$$2 \cdot 6 \stackrel{?}{=} -3 + 3 \cdot 5$$
$$12 \stackrel{?}{=} -3 + 15$$
$$\underline{\underline{12 = 12}} \quad \text{wahre Aussage}$$

Quadratische Gleichungen

Eine quadratische Gleichung
$$ax^2 + bx + c = 0$$
löst man mit der Lösungsformel
$$x_{1,2} = -\frac{b}{2a} \pm \frac{1}{2a}\sqrt{b^2 - 4ac}$$

Beispiel:
$$3x^2 - 11x + 10 = 0$$
$$x_{1,2} = -\left(\frac{-11}{2 \cdot 3}\right) \pm \frac{1}{2 \cdot 3}\sqrt{11^2 - 4 \cdot 3 \cdot 10}$$
$$= \frac{11}{6} \pm \frac{1}{6}\sqrt{121 - 120}$$
$$= \frac{11}{6} \pm \frac{1}{6}\sqrt{1}$$
$$= \frac{11}{6} \pm \frac{1}{6}$$
$$x_1 = \frac{12}{6} = \underline{\underline{2}}$$
$$x_2 = \frac{10}{6} = \underline{\underline{\frac{5}{3}}} \quad L = \left\{2; \frac{5}{3}\right\}$$

Training Grundwissen

Lineare Gleichungssysteme
Beim rechnerischen Lösen von Gleichungssystemen unterscheiden wir drei Verfahren. Alle drei Verfahren führen prinzipiell bei jedem Gleichungssystem zum Ziel.

Einsetzungsverfahren
Dieses Verfahren ist vorteilhaft, wenn eine Gleichung des gegebenen Gleichungssystem bereits nach einer Variablen aufgelöst ist.

Beispiel:
$$\text{I} \quad x + y = 10$$
$$\text{II} \quad \quad y = 2x - 2$$
II in I einsetzen
$$x + 2x - 2 = 10$$
$$3x - 2 = 10 \quad | +2$$
$$3x = 12 \quad | :3$$
$$\underline{\underline{x = 4}}$$
x in II einsetzen
$$y = 2 \cdot 4 - 2$$
$$\underline{\underline{y = 6}} \quad \underline{\underline{L = \{(4|6)\}}}$$

Zur Überprüfung der gefundenen Lösungsmenge muss eine **Probe immer in beiden Gleichungen** durchgeführt werden.

Probe:
$$\text{I} \quad 4 + 6 \stackrel{?}{=} 10$$
$$\underline{\underline{10 = 10}} \quad \text{wahre Aussage}$$
$$\text{II} \quad 6 \stackrel{?}{=} 2 \cdot 4 - 2$$
$$\underline{\underline{6 = 6}} \quad \text{wahre Aussage}$$

Additionsverfahren
Dieses Verfahren bietet sich an, wenn in beiden Gleichungen des gegebenen Gleichungssystems die Koeffizienten einer Variablen Gegenzahlen voneinander sind, so dass diese Variable beim Addieren wegfällt.

Beispiel:
$$\text{I} \quad 2x + 5y = 16 \quad | \text{I+II}$$
$$\text{II} \quad 3x - 5y = -1$$
$$\text{I} \quad 2x + 5y = 16$$
$$\text{II}' \quad 5x = 15$$
$$\text{I} \quad 2x + 5y = 16$$
$$\text{II}'' \quad \underline{\underline{x = 3}}$$
x in I einsetzen
$$2 \cdot 3 + 5y = 16 \quad | -6$$
$$5y = 10 \quad | :5$$
$$\underline{\underline{y = 2}} \quad \underline{\underline{L = \{(3|2)\}}}$$

Gleichsetzungsverfahren

Dieses Verfahren bietet sich an, wenn beide Gleichungen nach derselben Variable aufgelöst sind.

Beispiel:

$$\text{I} \quad y = 2x - 5$$
$$\text{II} \quad y = 3x + 3$$

$$\text{I} = \text{II}$$
$$2x - 5 = 3x + 3 \quad | -3x + 5$$
$$-x = 8 \quad | :(-1)$$
$$\underline{\underline{x = -8}}$$

x in I (oder II) einsetzen
$$y = 2 \cdot (-8) - 5$$
$$\underline{\underline{y = -21}} \quad\quad L = \{(-8|-21)\}$$

Aufgaben

51. Gib die Lösungsmenge an.

a) $2x - 7 - 3x = 5(3 - 2x) - 4$

b) $1{,}3(0{,}4x + 3) = 2{,}2 - (x - 1{,}7)$

c) $1\frac{1}{2}x - 2\frac{2}{5} + \frac{2}{3}x = 2x - 3\frac{3}{4}$

52. Gib die Lösungsmenge an.

a) $x^2 - 7x + 6 = 0$

b) $0{,}4x^2 - 2{,}4x = 0$

c) $0{,}7x^2 - 4{,}9x + 8{,}4 = 0$

d) $\frac{1}{3}x^2 + \frac{2}{7}x + 2 = 0$

53. Löse das lineare Gleichungssystem.

a) I $\quad 2x - 3y = 5$
   II $\quad 5x + 6y = -1$

b) I $\quad -5x + 2y = 17$
   II $\quad\quad\; y = 1{,}5 - x$

c) I $\quad x = 2y + 3$
   II $\quad x = 4 - y$

d) I $\quad -x + 3y = 6$
   II $\quad 2x - 6y = 0$

e) I $\quad 1{,}2x + 3{,}6y = 4{,}8$
   II $\quad 2{,}3x + 6{,}9y = 9{,}2$

11. Funktionen

Lineare Funktionen
Funktionsgleichung $f(x) = y = mx + b$

- $y = mx + b$ mit $m \neq 0$, $b \neq 0$
  Graph: Gerade
  Steigung der Geraden: m
  m > 0: Gerade steigend
  m < 0: Gerade fallend
  b: Achsenabschnitt auf der y-Achse
  Schnittpunkt mit der y-Achse: $(0|b)$
  Nullstelle: $\left(-\dfrac{b}{m}\,\middle|\,0\right)$

Beispiel:
$y = x + 0{,}5$
$m = 1 \Rightarrow$ Gerade steigend
$b = 0{,}5 \Rightarrow$ Schnittpunkt mit der y-Achse:
$\qquad\qquad\quad S(0|0{,}5)$
Nullstelle $N(-0{,}5|0)$

$y = -\dfrac{1}{2}x - 2$
$m = -\dfrac{1}{2} \Rightarrow$ Gerade fallend
$b = -2 \Rightarrow$ Schnittpunkt mit der y-Achse:
$\qquad\qquad\; S(0|-2)$
Nullstelle $N(-4|0)$

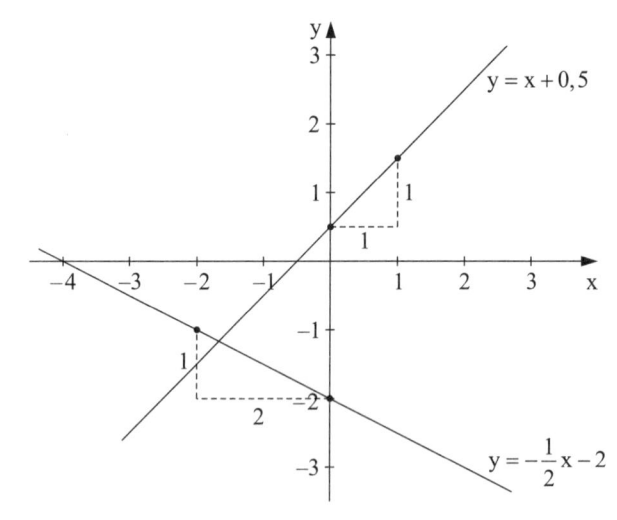

- $y = mx$, also $m \neq 0$, $b = 0$
  m > 0: Gerade steigend
  m < 0: Gerade fallend
  Graph: Gerade durch den Ursprung
  Schnittpunkt mit der y-Achse: $S(0|0)$
  Nullstelle: $S(0|0)$

Beispiel:
$y = 2x$
$m = 2 \Rightarrow$ Gerade steigend
$b = 0 \Rightarrow$ Schnittpunkt mit der y-Achse und
$\qquad\quad$ gleichzeitig Nullstelle: $S(0|0)$

$y = -1{,}5x$
$m = -1{,}5 \Rightarrow$ Gerade fallend
$b = 0 \qquad \Rightarrow$ Schnittpunkt mit der y-Achse
$\qquad\qquad\quad$ und gleichzeitig Nullstelle:
$\qquad\qquad\quad S(0|0)$

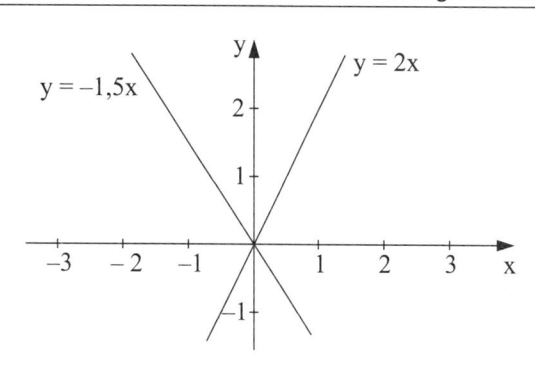

- **y = b**, also m = 0, b ≠ 0
  Graph: Parallele zur y-Achse im Abstand b
  Schnittpunkt mit der y-Achse: S(0|b)
  keine Nullstelle

Beispiel:
y = 2
m = 0 ⇒ Gerade parallel zur y-Achse im Abstand 2
b = 2 ⇒ Schnittpunkt mit der y-Achse S(0|2)
keine Nullstelle

- **y = 0**, also m = b = 0

Graph: y-Achse

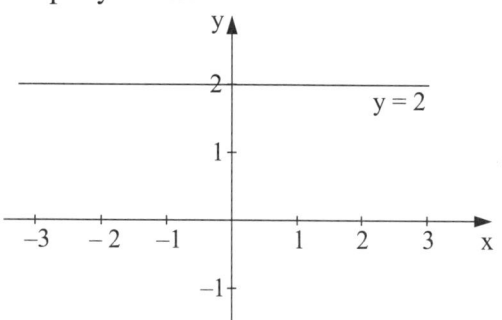

Quadratische Funktionen
$y = f(x) = ax^2 + bx + c$ $(a \neq 0)$

- $y = x^2$, also a = 1, b = c = 0
  Graph: Normalparabel
  Scheitel: S(0|0)
  Nullstelle: S(0|0)

Beispiel:
$y = x^2$
Wertetabelle:

x	−2	−1,5	−1	−0,5	0	0,5	1	1,5	2
y	4	2,25	1	0,25	0	0,25	1	2,25	4

Scheitel S(0|0)
Nullstelle S(0|0)

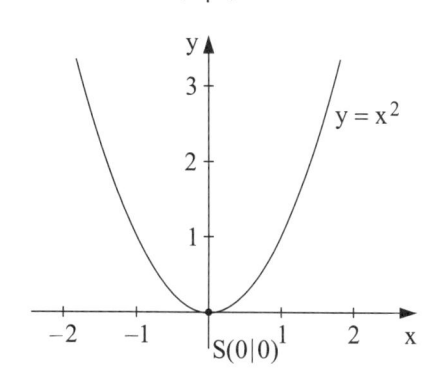

Training Grundwissen

- $y = x^2 + c$, also $a = 1$, $b = 0$
  Graph: Die Normalparabel wird um c Einheiten in Richtung der y-Achse verschoben.
  Scheitel: $S(0|c)$
  Nullstellen: $N_1(-\sqrt{-c}|0)$; $N_2(+\sqrt{-c}|0)$
  Es gibt zwei Nullstellen für $c < 0$
  eine Nullstelle für $c = 0$
  keine Nullstelle für $c > 0$

Beispiel:

$y = x^2 + 1$, also $a = 1$, $b = 0$, $c = 1$

Der Graph ist eine um 1 Einheit längs der y-Achse nach oben verschobene Normalparabel. Daher gibt es keine Schnittpunkte mit der x-Achse (Nullstellen).

Wertetabelle:

x	−2	−1,5	−1	−0,5	0	0,5	1	1,5	2
y	5	3,25	2	1,25	1	1,25	2	3,25	5

Scheitel $S(0|1)$

$y = x^2 - 2$, also $a = 1$, $b = 0$, $c = -2$

Der Graph ist eine um 2 Einheiten längs der y-Achse nach unten verschobene Normalparabel.

Wertetabelle:

x	−2	−1,5	−1	−0,5	0	0,5	1	1,5	2
y	2	0,25	−1	−1,75	−2	−1,75	−1	0,25	2

Scheitel $S(0|-2)$
Nullstellen $N_1(-\sqrt{2}|0)$; $N_2(\sqrt{2}|0)$

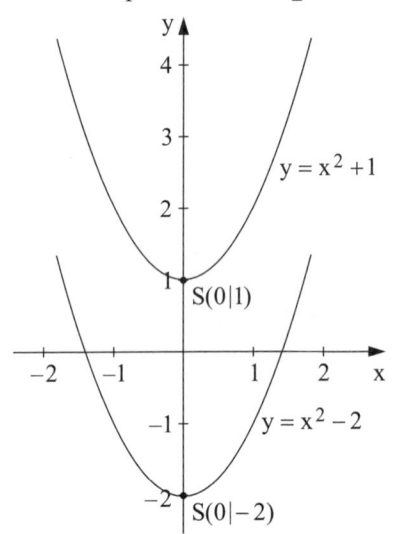

- $y = ax^2$, also $a \neq 0$, $b = c = 0$
  $a > 1$:
  Der Graph ist eine Parabel, wobei die Normalparabel in y-Richtung um den Faktor a gestreckt wurde.

Beispiel:

$y = 2x^2$

$a = 2$:

Graph: Parabel, die aus der Normalparabel durch Strecken um den Faktor 2 in y-Richtung hervorgeht.

Wertetabelle:

x	−2	−1,5	−1	−0,5	0	0,5	1	1,5	2
y	8	4,5	2	0,5	0	0,5	2	4,5	8

Scheitel $S(0|0)$
Nullstelle $S(0|0)$

$0 < a < 1$:
Der Graph ist eine Parabel, wobei die Normalparabel in y-Richtung um den Faktor a gestaucht wurde.

$a = -1$:
Der Graph ist eine an der x-Achse gespiegelte Normalparabel.

$-1 < a < 0$:
Der Graph ist eine nach unten geöffnete Parabel, wobei die Normalparabel in y-Richtung gestaucht wurde.

$a < -1$:
Der Graph ist eine nach unten geöffnete Parabel, wobei die Normalparabel in y-Richtung gestreckt wurde.

$y = 0{,}4x^2$
$a = 0{,}4$:
Graph: Parabel, die aus der Normalparabel durch Stauchen in y-Richtung um den Faktor 0,4 hervorgeht.
Wertetabelle:

x	−2	−1,5	−1	−0,5	0	0,5	1	1,5	2
y	1,6	0,9	0,4	0,1	0	0,1	0,4	0,9	1,6

Scheitel S(0|0)
Nullstelle S(0|0)

$y = -x^2$
$a = -1$:
Graph: An der x-Achse gespiegelte Normalparabel.
Wertetabelle:

x	−2	−1,5	−1	−0,5	0	0,5	1	1,5	2
y	−4	−2,25	−1	−0,25	0	−0,25	−1	−2,25	−4

Scheitel S(0|0)
Nullstelle S(0|0)

$y = -0{,}4x^2$
$a = -1$:
Graph: Parabel, die aus der Normalparabel durch Stauchen in y-Richtung um den Faktor 0,4 und Spiegeln an der x-Achse hervorgeht.
Scheitel (Nullstelle): S(0|0)

$y = -2x^2$
$a = -1$:
Graph: Parabel, die aus der Normalparabel durch Strecken in y-Richtung um den Faktor 2 und Spiegeln an der x-Achse hervorgeht.
Scheitel (Nullstelle): S(0|0)

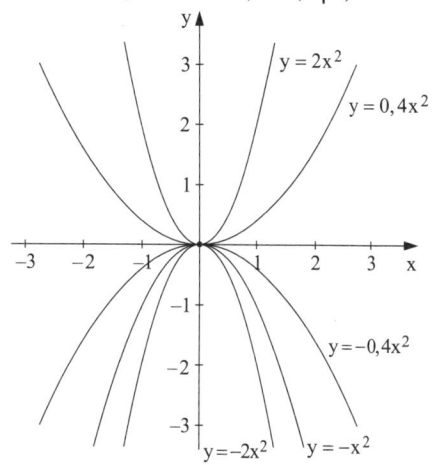

- $y = (x-d)^2 + e$ **Scheitelpunktform**
  Graph: In x-Richtung um d Einheiten und in y-Richtung um e Einheiten verschobene Normalparabel.
  Scheitel: $S(d|e)$
  Nullstellen:
  $e < 0$: zwei Nullstellen $N_1(d-\sqrt{-e}|0)$
  $N_2(d+\sqrt{-e}|0)$
  $e = 0$: eine Nullstelle $N(d|0)$
  $e > 0$: keine Nullstelle

Beispiel:
$y = (x-3)^2 + 2$
Graph: Normalparabel, die um 2 Einheiten nach oben (d=2) und 3 Einheiten nach rechts (e=3) verschoben wurde.
Wertetabelle:

x	1	1,5	2	2,5	3	3,5	4	4,5	5
y	6	4,25	3	2,25	2	2,25	3	4,25	6

Scheitel $S(3|2)$
keine Nullstelle (d > 0)

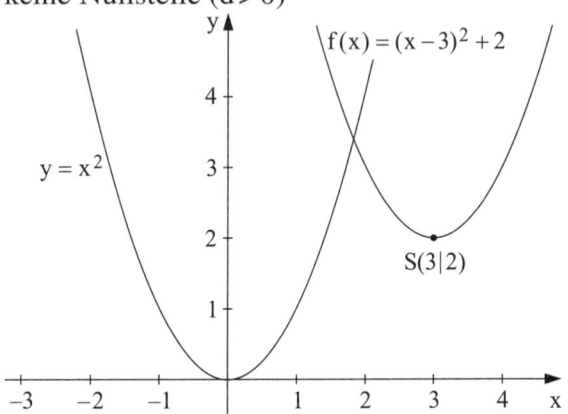

- $y = a(x-d)^2 + e$ **Scheitelpunktform**
  Graph: In x-Richtung um d Einheiten und in y-Richtung um e Einheiten verschobene Parabel, die aus der Normalparabel durch Strecken ($|a| > 1$) oder Stauchen ($|a| < 1$) und durch Spiegeln ($a < 0$) hervorgegangen ist.
  Scheitel: $S(d|e)$
  Nullstellen:
  $-\dfrac{e}{a} > 0$: zwei Nullstellen $N_1\left(d-\sqrt{-\dfrac{e}{a}}\,\Big|\,0\right)$
  $N_2\left(d+\sqrt{-\dfrac{e}{a}}\,\Big|\,0\right)$
  $e = 0$: eine Nullstelle $N(d|0)$
  $-\dfrac{e}{a} < 0$: keine Nullstelle

Beispiel:
$y = -2(x-1)^2 + 2$
Graph: Parabel, wobei der Graph der Normalparabel um den Faktor 2 in y-Richtung gestreckt ($|a| > 1$), an der y-Achse gespiegelt ($a < 0$) und um 1 Einheit nach rechts sowie um 2 Einheiten nach oben verschoben wurde.
Wertetabelle:

x	–	–0,5	0	0,5	1	1,5	2	2,5	3
y	–6	–2,5	0	1,5	2	1,5	0	–2,5	–6

Scheitel $S(1|2)$
Nullstellen $N_1(0|0)$; $N_2(2|0)$

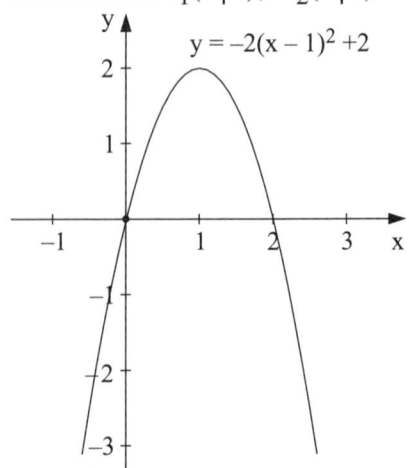

- $y = ax^2 + bx + c$
  Graph: Parabel, die aus der Normalparabel durch Stauchen ($|a| < 1$) oder Strecken ($|a| > 1$) und (für $a < 0$) Spiegeln an der x-Achse sowie Verschieben um $-\frac{b}{2a}$ Einheiten längs der x-Achse und um $\frac{4ac - b^2}{4a}$ Einheiten längs der y-Achse hervorgegangen ist.
  Scheitel: $\left(-\frac{b}{2a} \;\bigg|\; \frac{4ac - b^2}{4a}\right)$
  Nullstellen:
  zwei Nullstellen
  $N_1\left(-\frac{b}{2a} - \frac{1}{2a}\sqrt{b^2 - 4ac} \;\bigg|\; 0\right)$,
  $N_2\left(-\frac{b}{2a} + \frac{1}{2a}\sqrt{b^2 - 4ac} \;\bigg|\; 0\right)$,
  falls $b^2 - 4ac > 0$
  eine Nullstelle $\left(-\frac{b}{2a} \;\bigg|\; 0\right)$, falls $b^2 - 4ac = 0$
  keine Nullstelle, falls $b^2 - 4ac < 0$

Beispiel:
$y = x^2 + 6x + 11$, also $a = 1, b = 6, c = 11$

$y = \underbrace{x^2 + 6x}_{} + 11$ Normalform

$y = \underbrace{x^2 + 2 \cdot \frac{6}{\underset{\smile}{2}} \cdot x + \left(\frac{6}{2}\right)^2}_{a^2 + 2 \cdot b \cdot a + b^2 \text{ Binom}} \underbrace{- \left(\frac{6}{2}\right)^2 + 11}_{\text{Zahl}}$ quadratische Ergänzung

$y = \underbrace{(x + 3)^2}_{(a+b)^2} \;\; \underbrace{-9 + 11}_{}$

$y = (x + 3)^2 + 2$ Scheitelpunktform

Scheitel: $\underline{\underline{S(-3 | 2)}}$

Der Graph ist eine um -3 Einheiten längs der x-Achse und um 2 Einheiten längs der y-Achse verschobene, nach oben offene Normalparabel.
Wegen $b^2 - 4ac = 6^2 - 4 \cdot 1 \cdot 11 = -8 < 0$ gibt es keine Nullstellen.

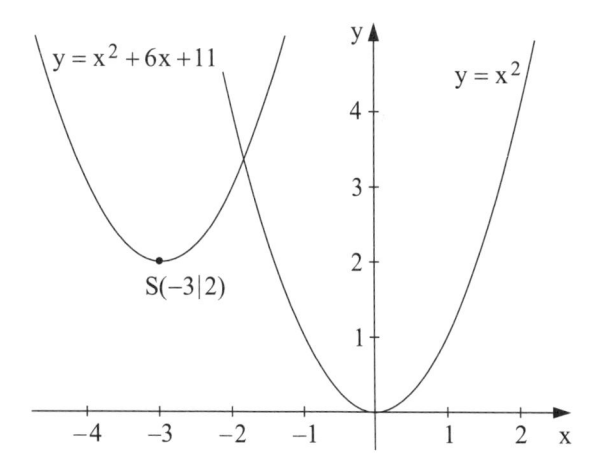

Aufgaben

54. Die Geraden g und h sind durch ihre Gleichungen gegeben.
g: $y = 0{,}5x + 2$, h: $y = -2x + 7$

  a) Zeichne die beiden Geraden in ein Koordinatensystem.

  b) Wo schneiden g bzw. h die Koordinatenachsen?

  c) Berechne den Schnittpunkt der beiden Geraden.

55. Die Gerade g enthält die Punkte P(−3|−2) und Q(5|3).

  a) Gib die Gleichung der Geraden g an.

  b) Wo schneidet g die Koordinatenachsen?

  c) Gib die Gleichung der zu g parallelen Geraden an, die durch den Koordinatenursprung geht.

  d) Liegt der Punkt R(6|8) auf g?

  e) Liegt der Punkt S(7|4,25) auf g?

56. Gegeben ist die Funktion f: $y = 2x^2 - 4x - 6$.

  a) Erstelle eine Wertetabelle und zeichne den Graphen von f.

  b) Berechne die Nullstelle von f.

  c) Berechne den Scheitel der Parabel durch quadratische Ergänzung.

57. Von einer Parabel ist der Scheitel (1|−1) bekannt. Außerdem liegt der Punkt (3|−3) auf der Parabel.

  a) Gib die Gleichung der Parabel an.

  b) Was lässt sich anhand der Parabelgleichung ohne weitere Rechnung über die Parabel sagen?

  c) Erstelle eine Wertetabelle und zeichne die Parabel.

12. Ebene Figuren

A: Flächeninhalt
u: Umfang

allgemeines Dreieck

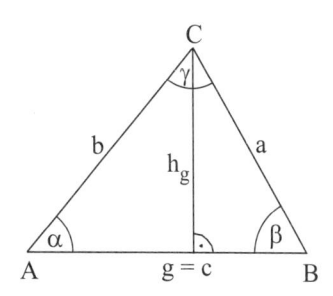

Flächeninhalt A: $A = \frac{1}{2} g \cdot h_g$

Beispiele:
Gegeben: Seite $c = 8\,\text{cm}$, Höhe $h_c = 2{,}7\,\text{cm}$
Flächeninhalt $A = \frac{1}{2} \cdot c \cdot h_c = \frac{1}{2} \cdot 8\,\text{cm} \cdot 2{,}7\,\text{cm}$
$= 10{,}8\,\text{cm}^2$

Umfang u: $u = a + b + c$

Gegeben: $a = 5\,\text{cm}$, $b = 6{,}5\,\text{cm}$, $c = 8{,}6\,\text{cm}$
Umfang: $u = a + b + c$
$= 5\,\text{cm} + 6{,}5\,\text{cm} + 8{,}6\,\text{cm}$
$= 20{,}1\,\text{cm}$

Summe der Innenwinkel: $\alpha + \beta + \gamma = 180°$

Gegeben: $\alpha = 42°$, $\beta = 67°$
$\gamma = 180° - (\alpha + \beta)$
$= 180° - (42° + 67°)$
$= 180° - 109°$
$= 71°$

rechtwinkliges Dreieck

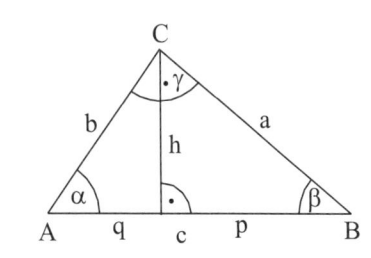

Katheten: a, b
Hypotenuse: c
Hypotenusenabschnitte: p, q
Für $\triangle ABC$ mit $\gamma = 90°$ gilt:
$A = \frac{1}{2} a \cdot b$
$u = a + b + c$

Satz des Pythagoras: $a^2 + b^2 = c^2$
Höhensatz: $h^2 = p \cdot q$
Kathetensatz: $a^2 = c \cdot p$
$b^2 = c \cdot q$

Training Grundwissen

Rechteck

$A = a \cdot b$
$u = 2a + 2b = 2 \cdot (a+b)$

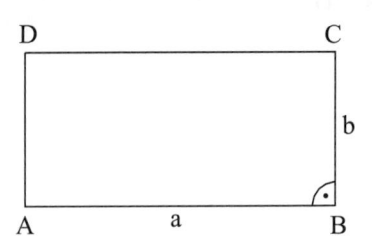

Quadrat

$A = a^2$
$u = 4 \cdot a$

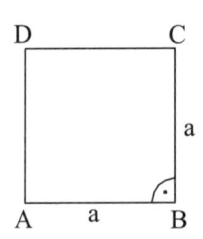

Parallelogramm

$\alpha + \beta = 180°$
$A = a \cdot h_a$
$u = 2a + 2b = 2 \cdot (a+b)$

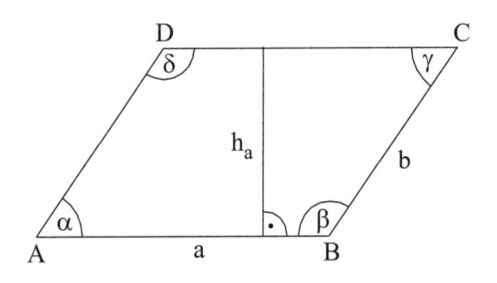

Trapez

$A = \dfrac{1}{2} \cdot (a+c) \cdot h$
$u = a + b + c + d$

$a \parallel c$

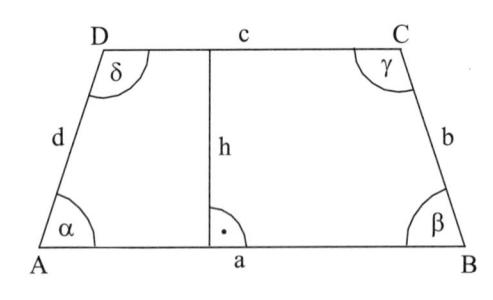

Kreis

r: Radius
d: Durchmesser

$A = \pi \cdot r^2 = \dfrac{\pi}{4} \cdot d^2$
$u = 2\pi r = d\pi$

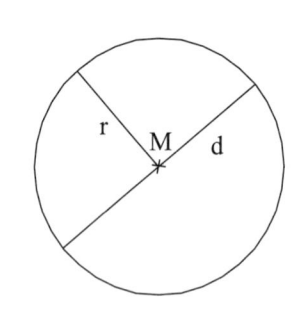

Aufgaben

58. Ein Dreieck hat die Seiten a = 5 cm, c = 7 cm und die Höhe h_c = 2,8 cm.

    a) Berechne den Flächeninhalt des Dreiecks.

    b) Berechne die Länge der Höhe h_a.

59. a) Ein Dreieck besitzt die Winkel α = 58° und β = 47°. Bestimme Winkel γ.

    b) Gibt es ein Dreieck mit zwei stumpfen Winkeln?

60. Ein rechtwinkliges Dreieck hat die Hypotenuse c = 6,5 cm und die Kathete a = 2,5 cm.

    a) Berechne die Länge der Seite b.

    b) Berechne den Flächeninhalt des Dreiecks.

    c) Berechne die Höhe h_c.

    d) Berechne die Hypotenusenabschnitte p und q.

61. Ein Rechteck hat einen Umfang von 42 cm. Seine Länge ist doppelt so groß wie die Breite.

    a) Berechne die Längen der Seiten.

    b) Berechne den Flächeninhalt des Rechtecks.

    c) Berechne die Länge einer Diagonale.

62. a) Ein Quadrat hat den Umfang 44 cm. Berechne die Seitenlänge und den Flächeninhalt.

    b) Ein Quadrat hat den Flächeninhalt 90,25 cm². Berechne die Seitenlänge und den Umfang.

63. Ein Parallelogramm hat die Seiten a = 5 cm und b = 4,5 cm sowie den Flächeninhalt A = 20 cm².

    a) Berechne die Höhe h_a.

    b) Berechne den Umfang des Parallelogramms.

64. a) Ein Trapez hat die parallelen Seiten a = 7 cm und c = 3 cm und die Höhe h = 2,5 cm. Berechne seinen Flächeninhalt.

    b) Ein Trapez hat die parallelen Seiten a und c, Seite a = 8 cm, die Höhe h = 4 cm und den Flächeninhalt 24 cm². Wie lang ist die Seite c?

65. Ein gleichschenkliges Trapez mit den parallelen Seiten a und c hat die Seiten a = 10 cm, b = 7 cm und die Höhe h = 6 cm.

    a) Bestimme die Länge der Seite c und den Umfang des Trapezes.

    b) Berechne den Flächeninhalt des Trapezes.

66. a) Ein Kreis hat den Radius r = 4,5 cm. Bestimme seinen Umfang und seinen Flächeninhalt.

    b) Ein Kreis hat den Flächeninhalt 26,6 cm². Berechne seinen Radius und seinen Umfang.

    c) Ein Kreis hat den Umfang 12,8 cm. Berechne seinen Radius und seinen Flächeninhalt.

13. Körper

V: Volumen
O: Oberfläche

Würfel

$V = a^3$
$O = 6 \cdot a^2$

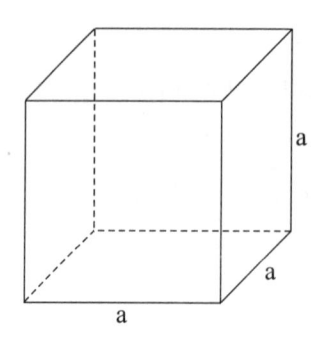

Quader

$V = a \cdot b \cdot c$
$O = 2(ab + ac + bc)$

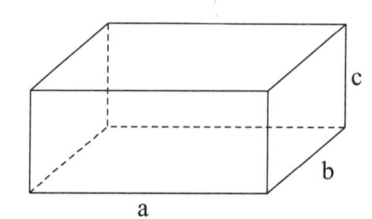

Prisma

G: Grundfläche
h: Körperhöhe
M: Mantelfläche

$V = G \cdot h$
$M = u \cdot h = A_1 + A_2 + \ldots + A_n$,
falls die Grundfläche ein n-Eck ist.
$O = 2 \cdot G + M$

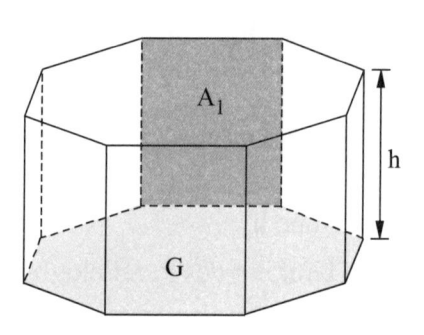

Pyramide

$V = \dfrac{1}{3} G \cdot h$
$M = A_1 + A_2 + \ldots + A_n$,
falls die Grundfläche ein n-Eck ist.
$O = G + M$

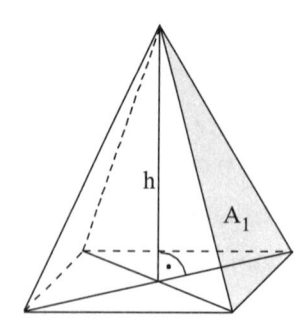

Zylinder

d = 2r

$V = \pi r^2 h = \frac{\pi}{4} d^2 h$

$M = \pi d h = 2\pi r h$

$O = 2\pi r^2 + 2\pi r h = \frac{\pi}{2} d^2 + \pi d h$

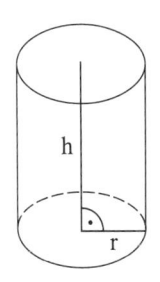

Kegel

s: Mantellinie

$s^2 = h^2 + r^2$

$V = \frac{1}{3} \pi r^2 h = \frac{1}{12} \pi d^2 h$

$M = \pi r s = \frac{\pi}{2} d s$

$O = \pi r^2 + \pi r s = \frac{\pi}{4} d^2 + \frac{\pi}{2} d s$

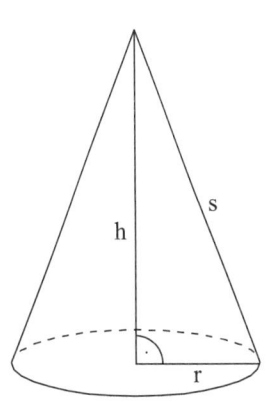

Kugel

$V = \frac{4}{3} \pi r^3 = \frac{1}{6} \pi d^3$

$O = 4\pi r^2 = \pi d^2$

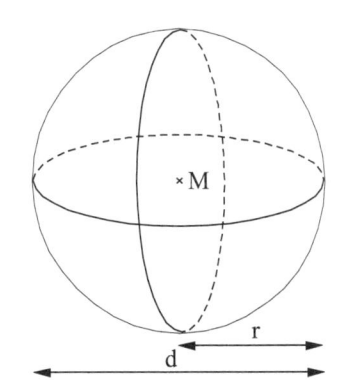

Hinweise zum Anfertigen des Schrägbildes eines Körpers

Alle Kanten in Breiten- und Höhenrichtung werden in wahrer Länge gezeichnet. Die **Kanten in Tiefenrichtung** (nach „hinten" laufende Kanten) werden **im Winkel 45°** und **um die Hälfte verkürzt** gezeichnet. Die nicht sichtbaren Kanten zeichnet man gestrichelt (Strich-Strich-Linie).

Beispiel:
Zeichne das Schrägbild eines Würfels der Kantenlänge 2 cm.

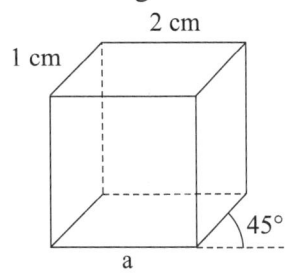

Aufgaben

67. a) Ein Würfel hat eine Kantenlänge von 7 cm. Berechne seine Oberfläche und sein Volumen.

b) Ein Würfel hat eine Oberfläche von 121,5 cm². Berechne seine Kantenlänge und sein Volumen.

e) Ein Würfel hat ein Volumen von 3,375 cm³.
Berechne seine Kantenlänge und seine Oberfläche.

68. a) Ein Quader ist 2,5 cm breit, 7 cm lang und 4 cm hoch.
Berechne seine Oberfläche und sein Volumen.

b) Ein Quader ist 9 cm lang und 2,5 cm breit. Sein Volumen beträgt 144 cm³.
Berechne seine Höhe und seine Oberfläche.

c) Ein Quader ist 4 cm breit und 5 cm hoch, seine Oberfläche beträgt 148 cm².
Berechne seine Länge und sein Volumen.

69. Ein Prisma hat ein gleichseitiges Trapez mit den Seiten a = 8 cm, c = 4,2 cm und der Höhe h_T = 5 cm als Grundfläche. Es ist 3 cm hoch. Berechne Grundfläche, Mantelfläche, Oberfläche und Volumen des Prismas.

70. Eine gerade Pyramide hat ein Rechteck mit den Seitenlängen 6 cm und 8 cm als Grundfläche und die Höhe h = 7 cm.

a) Berechne das Volumen der Pyramide.

b) Berechne die Mantelfläche der Pyramide.

c) Berechne die Oberfläche der Pyramide.

71. a) Ein Zylinder hat den Radius 1,6 cm und die Höhe 5 cm.
Berechne sein Volumen und seine Oberfläche.

b) Ein Zylinder der Höhe 4 cm hat das Volumen 36,6 cm³.
Berechne seinen Radius und seine Oberfläche.

c) Ein Zylinder hat die Mantelfläche 14,8 cm² und die Höhe 1,6 cm.
Berechne seinen Radius und sein Volumen.

72. a) Ein Kegel hat den Radius r = 2,4 cm und die Höhe h = 4,5 cm.
Berechne sein Volumen und seine Oberfläche.

b) Ein Kegel mit dem Radius 3,5 cm hat die Mantelfläche 42,8 cm².
Berechne seine Höhe und sein Volumen.

73. a) Eine Kugel hat den Radius r = 2,2 cm. Berechne ihre Oberfläche und ihr Volumen.

b) Eine Kugel hat die Oberfläche 62,8 cm². Berechne ihren Radius und ihr Volumen.

c) Eine Kugel hat das Volumen 122,8 cm³. Berechne ihren Radius und ihre Oberfläche.

14. Trigonometrie

Definitionen am **rechtwinkligen Dreieck**

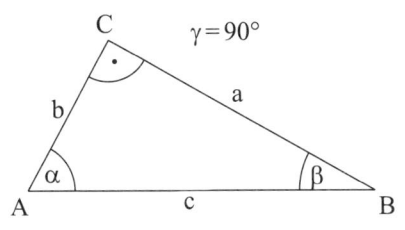

$$\sin\alpha = \frac{a}{c} = \frac{\text{Gegenkathete}}{\text{Hypotenuse}}$$

$$\cos\alpha = \frac{b}{c} = \frac{\text{Ankathete}}{\text{Hypotenuse}}$$

$$\tan\alpha = \frac{a}{b} = \frac{\text{Gegenkathete}}{\text{Ankathete}}$$

Beispiel:

geg.: $a = 7\,\text{cm}$ ges.: b, c, γ, A
$\quad\;\;\beta = 36°$
$\quad\;\;\alpha = 90°$

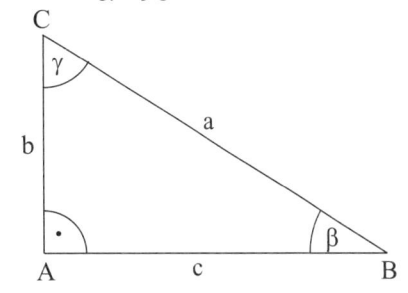

$\sin\beta = \dfrac{b}{a}$
$b = \sin\beta \cdot a$
$b = \sin 36° \cdot 7\,\text{cm}$
$\underline{\underline{b \approx 4,1\,\text{cm}}}$

$\cos\beta = \dfrac{c}{a}$
$c = \cos\beta \cdot a$
$c = \cos 36° \cdot 7\,\text{cm}$
$\underline{\underline{c \approx 5,7\,\text{cm}}}$ **oder** Satz des Pythagoras

$a^2 = b^2 + c^2$
$c^2 = a^2 - b^2$
$c^2 = 49\,\text{cm}^2 - 16,81\,\text{cm}^2$
$\underline{\underline{c \approx 5,7\,\text{cm}}}$

$\sin\gamma = \dfrac{c}{a}$
$\sin\gamma = \dfrac{5,7\,\text{cm}}{7\,\text{cm}}$
$\underline{\underline{\gamma = 54°}}$ **oder** Winkelsumme im Dreieck

$\gamma = 180° - 90° - 36°$
$\underline{\underline{\gamma = 54°}}$

$A = \dfrac{b \cdot c}{2}$
$A = \dfrac{4,1\,\text{cm} \cdot 5,7\,\text{cm}}{2}$
$\underline{\underline{A \approx 11,69\,\text{cm}^2}}$

Training Grundwissen

Berechnungen am **allgemeinen Dreieck**

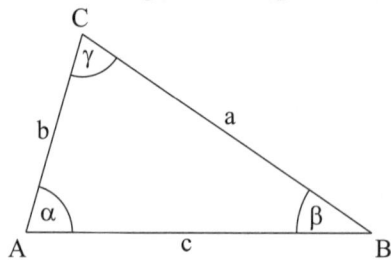

Sinussatz: $\dfrac{a}{\sin\alpha} = \dfrac{b}{\sin\beta} = \dfrac{c}{\sin\gamma}$

Kosinussatz: $a^2 = b^2 + c^2 - 2bc \cdot \cos\alpha$
$b^2 = a^2 + c^2 - 2ac \cdot \cos\beta$
$c^2 = a^2 + b^2 - 2ab \cdot \cos\gamma$

Mithilfe des Kosinussatzes kann man auch die **Winkel berechnen**.

$a^2 = b^2 + c^2 - 2bc \cdot \cos\alpha \quad |+2bc\cdot\cos\alpha$
$2bc\cdot\cos\alpha + a^2 = b^2 + c^2 \quad |-a^2$
$2bc\cdot\cos\alpha = b^2 + c^2 - a^2 \quad |:2bc$
$\cos\alpha = \dfrac{b^2 + c^2 - a^2}{2bc}$

Analog gilt dann:

$\cos\beta = \dfrac{a^2 + c^2 - b^2}{2ac}$

$\cos\gamma = \dfrac{a^2 + b^2 - c^2}{2ab}$

Flächeninhalt

$A = \dfrac{1}{2} a \cdot b \cdot \sin\gamma$

$A = \dfrac{1}{2} a \cdot c \cdot \sin\beta$

$A = \dfrac{1}{2} b \cdot c \cdot \sin\alpha$

Beispiel:

geg.: $b = 8{,}7$ cm ges.: a, α, γ, A
$c = 4{,}6$ cm
$\beta = 108{,}2°$

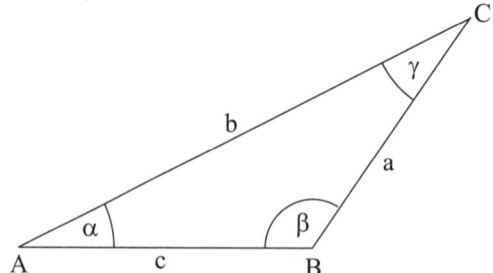

Berechnung von γ mit dem Sinussatz:

$\dfrac{b}{\sin\beta} = \dfrac{c}{\sin\gamma}$

$\sin\gamma = \dfrac{c \cdot \sin\beta}{b}$

$\sin\gamma = \dfrac{4{,}6\,\text{cm} \cdot \sin 108{,}2°}{8{,}7\,\text{cm}}$

$\sin\gamma = 0{,}50228$

$\underline{\underline{\gamma = 30{,}15°}}$

Berechnung von α mit der Innenwinkelsumme:
$\alpha = 180° - 108{,}2° - 30{,}15°$
$\underline{\underline{\alpha = 41{,}65°}}$

Berechnung von a mit dem Kosinussatz:
$a^2 = b^2 + c^2 - 2bc \cdot \cos\alpha$
$a^2 = 75{,}69\,\text{cm}^2 + 21{,}16\,\text{cm}^2 - 59{,}807362\,\text{cm}^2$
$a^2 = 37{,}042638\,\text{cm}^2$
$\underline{\underline{a = 6{,}1\,\text{cm}}}$

Berechnung von A:

$A = \dfrac{1}{2} a \cdot b \cdot \sin\gamma$

$A = \dfrac{1}{2} \cdot 6{,}1\,\text{cm} \cdot 8{,}7\,\text{cm} \cdot \sin 30{,}15°$

$\underline{\underline{A = 13{,}33\,\text{cm}^2}}$

Aufgaben

74. In einem rechtwinkligen Dreieck sind die Katheten a = 9,9 cm und b = 13,2 cm lang.
   a) Berechne die Winkel α und β.
   b) Berechne die Länge der Hypotenuse c.
   c) Berechne die Länge der Höhe h_c.

75. In einem rechtwinkligen Dreieck sind die Hypotenuse c = 9,2 cm und die Kathete a = 4,2 cm lang.
   a) Berechne die Winkel α und β.
   b) Berechne die Länge der Höhe h_c.
   c) Berechne die Länge der Kathete b.

76. In einem Dreieck sind die Seite a = 7,6 cm und die Winkel α = 68° und β = 42° bekannt. Berechne den Winkel g, die Länge der Seiten b und c sowie den Flächeninhalt des Dreiecks.

77. In einem Dreieck sind die Seiten a = 4,2 cm, c = 8,4 cm und der Winkel β = 53° gegeben. Berechne die Seite b sowie die Winkel α und γ. Wie groß ist der Flächeninhalt des Dreiecks?

78. Ein Dreieck hat den Flächeninhalt 164,8 cm². Der Winkel γ beträgt 82° und die Seite a ist 12,4 cm lang. Berechne die übrigen Seiten und Winkel des Dreiecks.

15. Wahrscheinlichkeitsrechnung

Ergebnismenge Ω

Die Ergebnismenge Ω ist die Menge aller möglichen Ergebnisse eines Zufallsexperimentes.

Beispiel:
Würfeln mit einem Würfel
Ω = {1; 2; 3; 4; 5; 6}

Absolute Häufigkeit H

Tritt ein Ereignis E bei n Durchführungen eines Zufallsexperimentes H mal auf, so nennt man H die absolute Häufigkeit.

Beispiel:
Wir würfeln mit einem Würfel 100-mal. Dabei würfeln wir 14-mal die Sechs
⇒ 14 absolute Häufigkeit des Ereignisses „Würfel zeigt die Sechs"

Relative Häufigkeit h(E)

relative Häufigkeit = $\frac{\text{absolute Häufigkeit}}{\text{Anzahl der Versuche}}$

$$h(E) = \frac{H}{n}$$

Beispiel:
14-mal wurde die Sechs gewürfelt
= absolute Häufigkeit H

100 Versuche wurden durchgeführt
= Anzahl n

$h(E) = \frac{14}{100} = 0,14 = 14\%$

Training Grundwissen

Wahrscheinlichkeit P(E)

Wahrscheinlichkeit P(E) = $\dfrac{\text{Anzahl der Ergebnisse, bei denen E eintritt}}{\text{Anzahl aller möglichen Ergebnisse}}$

Beispiel:
Werfen eines Würfels
Wie groß ist die Wahrscheinlichkeit, eine 1 zu würfeln?
$\Omega = \{1; 2; 3; 4; 5; 6\}$
$P(1) = \dfrac{1}{6} = 0{,}167 = 16{,}7\,\%$

Mehrstufige Zufallsexperimente

Ein mehrstufiges Zufallsexperiment kann durch ein **Baumdiagramm** veranschaulicht werden. Ein **Elementarereignis** kann als ein Pfad im Baumdiagramm gedeutet werden. Die Summe aller Wahrscheinlichkeiten, die von einem Verzweigungspunkt ausgehen, ist stets 1. Bei der Berechnung von Wahrscheinlichkeiten helfen die Pfadregeln.

Beispiel:
Dreimaliges Werfen einer Münze
$\Rightarrow$ es fällt entweder Wappen (W) oder Zahl (Z)
Veranschaulicht wird der Versuch an einem **Baumdiagramm.**

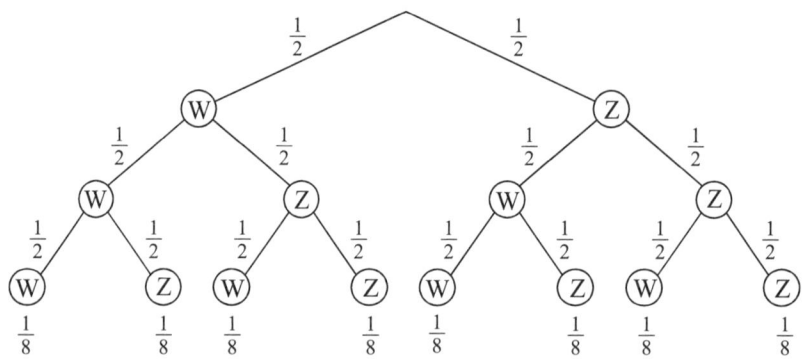

1. Pfadregel (Produktregel)

Im Baumdiagramm ist die Wahrscheinlichkeit eines Pfades gleich dem Produkt der Wahrscheinlichkeiten auf den Teilstrecken des Pfades.

Wie groß ist die Wahrscheinlichkeit, dass dreimal hintereinander Zahl (Z) fällt?
$P(Z; Z; Z) = \dfrac{1}{2} \cdot \dfrac{1}{2} \cdot \dfrac{1}{2} = \dfrac{1}{8} = 0{,}125 = 12{,}5\,\%$

2. Pfadregel (Summenregel)

Die Wahrscheinlichkeit eines Ereignisses ist gleich der Summe der Wahrscheinlichkeiten, die zu diesem Ereignis führen.

Wie groß ist die Wahrscheinlichkeit, dass beim dreimaligen Werfen zweimal hintereinander Wappen (W) fällt?
$P(E) = P((W; W; W); (W; W; Z); (Z; W; W))$
$P(E) = \dfrac{1}{8} + \dfrac{1}{8} + \dfrac{1}{8} = \dfrac{3}{8} = 0{,}375 = 37{,}5\,\%$

Aufgaben

79. Peter würfelt mit einem Würfel, der auf zwei Seitenflächen einen roten Kreis, auf zwei Seitenflächen einen grünen Kreis und auf je einer Seitenfläche ein Kleeblatt und ein Herz trägt.

a) Wie groß ist die Wahrscheinlichkeit, „Kleeblatt" zu würfeln?

b) Wie groß ist die Wahrscheinlichkeit, einen „roten Kreis" zu würfeln?

c) Wie groß ist die Wahrscheinlichkeit, viermal nacheinander einen „grünen Kreis" zu würfeln?

d) Wie groß ist die Wahrscheinlichkeit, viermal nacheinander ein „Herz" zu würfeln?

e) Wie groß ist die Wahrscheinlichkeit, bei vier Würfen genau einmal „Herz" zu würfeln?

80. Sonja wirft mit drei Münzen gleichzeitig, und zwar mit je einer (deutschen) 1-Cent, 2-Cent und 5-Cent-Münze.

a) Wie groß ist die Wahrscheinlichkeit dafür, dass alle drei Münzen „Zahl" zeigen?

b) Wie groß ist die Wahrscheinlichkeit dafür, dass mindestens eine Münze „Eichenlaub" zeigt?

c) Wie groß ist die Wahrscheinlichkeit dafür, dass bei zwei nacheinander ausgeführten Würfen mit den drei Münzen beide Male alle drei Münzen „Zahl" zeigen?

d) Die drei Münzen werden wieder zweimal nacheinander geworfen. Wie groß ist die Wahrscheinlichkeit dafür, dass dabei genau eine Münze „Zahl" zeigt?

81. Bei einer Tombola sind 500 Lose zu verkaufen. 50 davon sind Gewinnlose; eines davon ist der Hauptgewinn: eine Reise für zwei Personen nach Paris.

a) Wie groß ist die Wahrscheinlichkeit, dass ein gekauftes Los den Hauptgewinn bringt?

b) Wie groß ist die Wahrscheinlichkeit, einen Gewinnlos zu ziehen, aber nicht den Hauptgewinn?

c) Jasmin kauft als Erste zwei Lose. Wie groß ist die Wahrscheinlichkeit dafür, dass genau eines der Lose ein Gewinnlos ist? Zeichne ein Baumdiagramm.

d) Wie groß ist die Wahrscheinlichkeit, dass Jasmin mindestens ein Gewinnlos bekommt?

16. Statistik

Anlegen einer Urliste

Beispiel:
Wahl des Schülersprechers einer Klasse

	absolute Häufigkeit	relative dezimal	Häufigkeit prozentual
Peter |||| ||	7	0,23	23 %
Christian |||| |||| |	11	0,37	37 %
Juliane |||| |||| ||	12	0,40	40 %

Arithmetisches Mittel $\bar{x}$

Das arithmetische Mittel $\bar{x}$ wird berechnet, indem man die Summe aller Werte durch ihre Anzahl dividiert.

Beispiel:
Das Ergebnis einer Klassenarbeit ist in folgender Tabelle zusammengestellt:

Note	1	2	3	4	5	6	
Anzahl der Schüler	2	3	8	5	3	2	23

Berechne das arithmetische Mittel $\bar{x}$!

$$\bar{x} = \frac{2 \cdot 1 + 3 \cdot 2 + 8 \cdot 3 + 5 \cdot 4 + 3 \cdot 5 + 2 \cdot 6}{23}$$

$$= \frac{79}{23} = \mathbf{3{,}43}$$

Zentralwert z

Die Ergebnisse einer Messreihe werden der Größe nach geordnet. Der Wert, der genau in der Mitte steht, ist der Zentralwert z.
(Bei einer geraden Anzahl nimmt man beide mittleren Werte und bildet das arithmetische Mittel.)

Beispiel:
Die Ergebnisse der Klassenarbeit

1; 1; 2; 2; 2; 3; 3; 3; 3; 3; 3; **3**; 3; 4; 4; 4; 4; 4; 5; 5; 5; 6; 6

     11 Werte   ↓   11 Werte

          Zentralwert z

Spannweite R

Die Spannweite R ist die Differenz zwischen dem größten und dem kleinsten gemessenen Wert.

Beispiel:
Die Körpergröße der Jungen einer 8. Klasse
1,64 m; 1,78 m; 1,81 m; 1,73 m;
1,80 m; 1,72 m; 1,73 m; 1,69 m;
1,74 m; 1,76 m; 1,68 m; 1,80 m

größter Wert: 1,81 m
kleinster Wert: 1,64 m

R = 1,81 m − 1,64 m
R = 0,17 m

Modalwert
Der Modalwert ist der Wert, der in einer Stichprobe am häufigsten auftritt.

Beispiel:
Körpergröße: Modalwert: 1,73 m und 1,80 m

Mittlere Abweichung a
Die mittlere Abweichung a ist die Summe der Beträge der Differenzen der einzelnen Messwerte vom Mittelwert, dividiert durch die Anzahl der Messwerte.

Beispiel:
Körpergrößen:

x_i	$x_i - \bar{x}$
164 cm	−10
168 cm	− 6
169 cm	−5
172 cm	−2
173 cm	−1
173 cm	−1
174 cm	0
176 cm	2
178 cm	4
180 cm	6
180 cm	6
181 cm	7

arithmetisches Mittel: $\bar{x} = \dfrac{20{,}88 \text{ m}}{12}$

$\bar{x} = 1{,}74 \text{ m} = 174 \text{ cm}$

Berechnung der mittleren Abweichung

$$a = \frac{|x_1 - \bar{x}| + |x_2 - \bar{x}| + \ldots + |x_n - \bar{x}|}{n}$$

Beispiel:
$$a = \frac{|-10| + |-6| + |-5| + |-2| + \ldots + |7|}{12}$$

$$a = \frac{50}{12} = \mathbf{4{,}17 \text{ cm}}$$

Die mittlere Abweichung beträgt 4,17 cm.

Aufgaben

82. Die Teilnehmer einer Tagung sollten sich im Voraus für ein Mittagessen entscheiden. Die Sekretärin faxt die folgende Liste an ein griechisches Restaurant:

Name	Gyros 9,50 €	Putengyros 10,50 €	Zeusteller 13,60 €	Wiener Schnitzel 9,90 €
Altmann	x			
Berger			x	
Cipolla		x		
Drost	x			
Fleischer	x			
Lehmann			x	
Müller, B.				x
Müller, P.	x			
Nolte		x		
Pflaum			x	
Plaumann	x			
Richter				x
Runge			x	
Sauerbier	x			
Strom		x		
Taylor			x	
Zappa		x		

a) Der Kellner macht sich eine Strichliste.
Erstelle in der unten stehenden Tabelle eine Urliste und gib für jedes Gericht die absolute sowie die relative Häufigkeit an (auf zwei Stellen nach dem Komma runden).

Gericht	Strichliste	absolute Häufigkeit	relative Häufigkeit dezimal	relative Häufigkeit prozentual
Gyros				
Putengyros				
Zeusteller				
Wiener Schnitzel				

b) Wie viel Geld gibt jeder Tagungsteilnehmer durchschnittlich für sein Mittagessen aus?

c) Gib den Zentralwert der Preise für die Mittagessen der Tagungsteilnehmer an.

d) Gib die Spannweite der Preise an.

e) Gib den Modalwert an.

f) Trage für die einzelnen Preise x_i die Differenz $x_i - \bar{x}$ ein, wobei $\bar{x}$ das arithmetische Mittel aller Preise ist.
Berechne dann die mittlere Abweichung.

x_i	$x_i - \bar{x}$
9,50 €	
9,50 €	
9,50 €	
9,50 €	
9,50 €	
9,50 €	
9,90 €	
9,90 €	
10,50 €	
10,50 €	
10,50 €	
10,50 €	
13,60 €	
13,60 €	
13,60 €	
13,60 €	
13,60 €	

17. Diagramme

Beispiel:
100-mal mit einem Würfel würfeln

Augen-zahl	absolute Häufigkeit	relative Häufigkeit	
		dezimal	prozentual
1	29	0,29	29 %
2	11	0,11	11 %
3	19	0,19	19 %
4	11	0,11	11 %
5	21	0,21	21 %
6	9	0,09	9 %
	100	1,00	100 %

Darstellung als Säulendiagramm

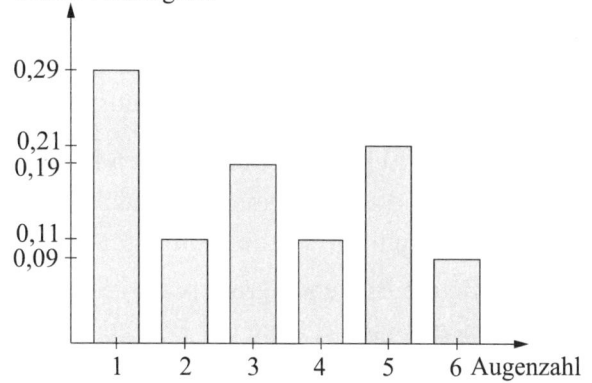

Darstellung als Kreisdiagramm

$100\ \% \triangleq 360°$
$1\ \% \triangleq 3,6°$

$29\ \% \triangleq 29 \cdot 3,6° = 104,4°$ für Augenzahl 1
$11\ \% \triangleq 11 \cdot 3,6° = 39,6°$ für Augenzahl 2
$19\ \% \triangleq 19 \cdot 3,6° = 68,4°$ für Augenzahl 3
$11\ \% \triangleq 11 \cdot 3,6° = 39,6°$ für Augenzahl 4
$21\ \% \triangleq 21 \cdot 3,6° = 75,6°$ für Augenzahl 5
$9\ \% \triangleq 9 \cdot 3,6° = 32,4°$ für Augenzahl 6

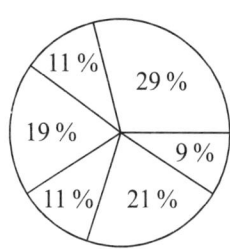

Aufgaben

83. Von den Bewohnern eines Tierheims sind 48 Katzen, 23 Hunde, 17 Hamster, 32 Zwergkaninchen, 9 Schildkröten und 3 Äffchen.

a) Im unten stehenden Säulendiagramm wurde leider vergessen, die jeweilige Tierart einzutragen. Ordne jeder Säule die passende Tierart zu.

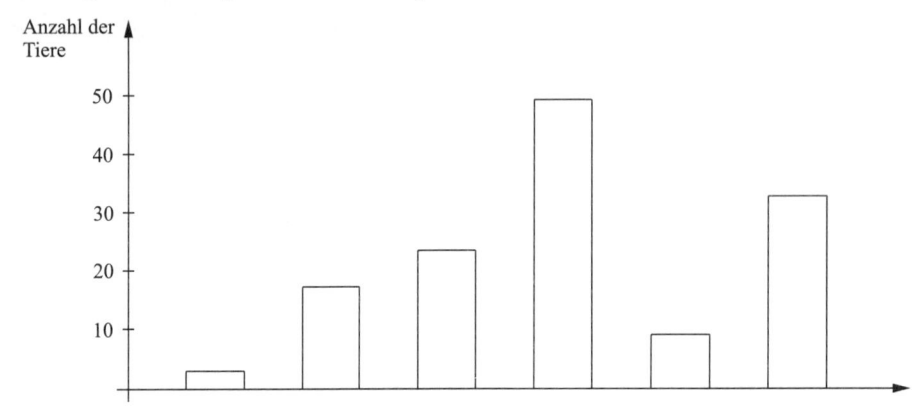

b) Erstelle ein Kreisdiagramm, in dem die prozentualen Anteile der einzelnen Tierarten dargestellt sind. Runde die Prozentsätze auf eine Stelle nach dem Komma.

84. Von den 140 Kindern in den ersten Klassen einer Grundschule haben 85 die Muttersprache Deutsch, 8 die Muttersprache Griechisch, 22 die Muttersprache Türkisch, 13 die Muttersprache Spanisch, 10 die Muttersprache Italienisch und 2 die Muttersprache Arabisch.

Erstelle ein Balkendiagramm, das die prozentualen Anteile der verschiedenen Muttersprachen angibt. (Länge des Balkens 10,5 cm, Prozentsätze auf eine Stelle nach dem Komma runden).

85. 100 Sechzehnjährige wurden befragt, welche elektronischen Geräte sie besitzen. Die Angaben wurden in dem unten stehenden Säulendiagramm zusammengefasst.

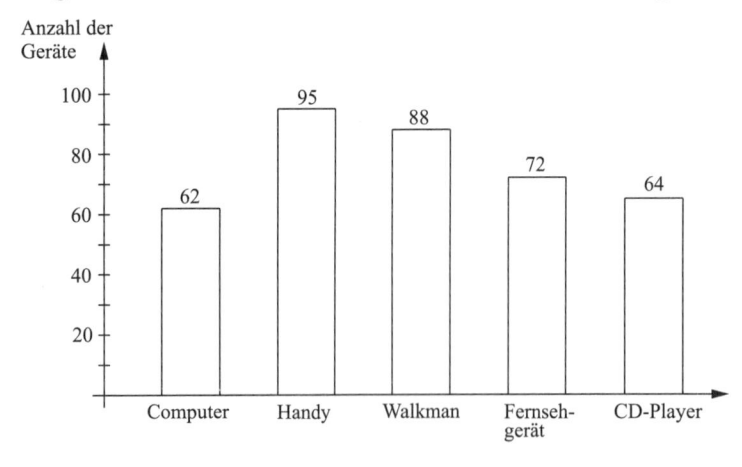

a) Welche Summe ergibt sich, wenn du die Anzahlen aller Geräte zusammenzählst? Wie erklärst du das?

b) 56,8 % der Handybesitzer haben ein Fotohandy. Wie viele Jugendliche sind das?

Vermischte Übungsaufgaben

Bildnachweis
Deckblatt: Falk Foto & Grafik
S. 49: Tourismus Frutigen, Switzerland / www.visipix.com
S. 50: Parkanlage: University of applied sciences, Waedenswil / www.visipix.com
S. 53: brokenarts / www.sxc.hu
S. 54: ghostfire / www.sxc.hu
S. 55: Pyramiden: www.visipix.com
S. 59: www.visipix.com
S. 60: Raefle, Roland, Bern / www.visipix.com
S. 64: almogon-picture / www.sxc.hu
S. 65: Wettenschwyler, Adrian, Bern / www.visipix.com
S. 66: Centers for Disease Control and Prevention

Vermischte Übungsaufgaben
Aufgabenblock P – Pflichtaufgaben

Aufgabe P 1

P 1.1 Stelle die Gleichung nach r um!

$$V = \frac{1}{3}\pi \cdot r^2 \cdot h$$

P 1.2 Ein quaderförmiges Schwimmbecken mit einer Länge von 12 m und einer Breite von 6 m hat ein Volumen von 136,80 m³.
Wie tief ist das Schwimmbecken?

P 1.3 Berechne den Term für x = 15 und y = 5!

$$\frac{\frac{4}{5}x - 9y}{\frac{y}{2} + 2,5}$$

Aufgabe P 2

P 2.1 Berechne x in der folgenden Gleichung!

$$3x - 9[x - 2(2x + 3)] = 39$$

P 2.2 Herr Lange legt ein Kapital von 5 500 € für zwei Jahre mit einem Zinssatz von 3,25 % an.
Über welches Kapital verfügt er nach Ablauf dieser Zeit? (Die Zinsen werden mitverzinst.)

P 2.3 Berechne die Länge der Strecke $\overline{OM}$!

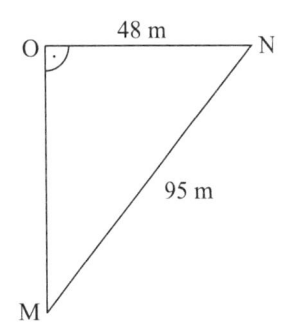

Aufgabe P 3

P 3.1 Berechne! (ohne Taschenrechner)

$$\frac{2{,}5 \cdot 10^2 \cdot 7 \cdot 10^{-3}}{1{,}25 \cdot 10^{-5}} =$$

P 3.2 Ein Lottogewinn wird auf 6 Mitspieler einer Tippgemeinschaft aufgeteilt. Jeder Mitspieler erhält 15 000 €. Wie viel Euro würde jeder Mitspieler erhalten, wenn nur 5 Teilnehmer der Tippgemeinschaft angehören?

P 3.3 Löse die Gleichung nach x auf!

$2x + (3x+8)^2 = 4{,}5x(2x-4) + 30$

P 3.4 Eine lineare Funktion ist durch die folgende Gleichung gegeben:

$f(x) = y = -2x + 3$

Beschreibe mit Worten die Bedeutung der Werte −2 und 3 in der Funktionsgleichung für den Verlauf des Graphen und zeichne diesen!

Aufgabe P 4

P 4.1 Berechne den Flächeninhalt eines Rechtecks, bei dem eine Seitenlänge 175 m und die Diagonale 204 m misst!

P 4.2 Eine Parkanlage umfasst eine Fläche von 8 950 m². Davon sind 669,75 m² Wege. Wie viel Prozent sind das?

P 4.3 Berechne in Meter!
3 750 m + 0,371 km − 123,85 dm

Aufgabe P 5

P 5.1   Berechne! (ohne Taschenrechner)

$$\frac{5}{8} \cdot \left(-\frac{5}{12}\right) \cdot \frac{2}{5} =$$

P 5.2   Wie hoch ist der Turm?

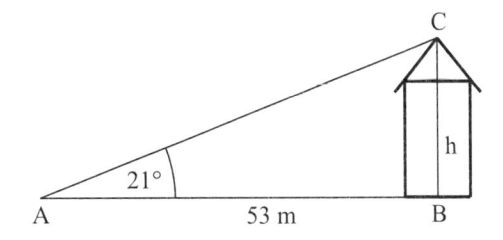

P 5.3   In einer Mathematikarbeit wurde folgendes Ergebnis erreicht:

Note	1	2	3	4	5	6
Anzahl	2	5	7	7	3	1

Berechne den Durchschnitt (arithmetisches Mittel) der Arbeit!

Aufgabe P 6

P 6   Gegeben ist die quadratische Funktion f(x) mit der Gleichung:

$y = f(x) = x^2 + 6x + 5$

P 6.1   Gib die Koordinaten des Scheitelpunktes S an und zeichne die Funktion in ein Koordinatensystem!

P 6.2   Berechne die Nullstellen der Funktion!

P 6.3   Eine Gerade, die durch die Punkte A(1|2) und B(−3|−2) geht, schneidet die Parabel. Zeichne die Gerade in das gleiche Koordinatensystem!

P 6.4   Gib die Schnittpunkte der beiden Funktionen an!

Aufgabe P 7

P 7.1 Berechne den Umfang der grau getönten Fläche!

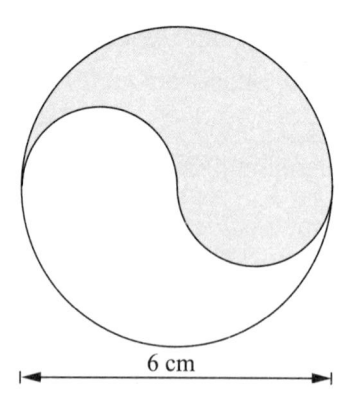

6 cm

P 7.2 Vereinfache und schreibe ohne Nenner!

$$\frac{7x^3 \cdot z \cdot x}{14y^2 \cdot x \cdot z^2} =$$

P 7.3 Konstruiere ein Dreieck aus folgenden Stücken:

b = 5,8 cm

c = 4,2 cm

β = 49°

(Fertige vorher eine Planfigur an!)

Aufgabe P 8

P 8.1 Beschreibe die Lage der Funktion $f(x) = y = 2x^2 - 4$ im Koordinatensystem!

P 8.2 Berechne die Höhe in der abgebildeten Fläche!

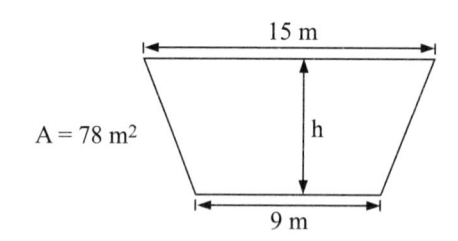

A = 78 m², 15 m, h, 9 m

P 8.3 Berechne! (ohne Taschenrechner)

$$3\frac{1}{2} - \left[7 - \left(1\frac{1}{4} + \frac{3}{8}\right) - 1\frac{1}{2}\right] =$$

Aufgabe P 9

P 9.1 Ein Motorroller kostet 2 380 €. Im Preis ist die Mehrwertsteuer von 19 % enthalten. Wie hoch ist die Mehrwertsteuer?

P 9.2 Wie groß sind die Winkel α, β und γ?

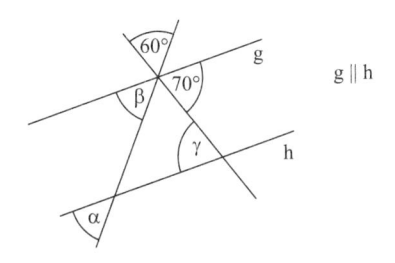

g ∥ h

P 9.3 Der Fußbodenbelag für ein Zimmer, das 4,50 m breit und 6,00 m lang ist, kostet 337,50 €. Wie viel kostet der gleiche Belag für ein Zimmer mit 23 m² Fläche?

Aufgabe P 10

P 10.1 Im Bild ist der Querschnitt eines Gefäßes gezeichnet.

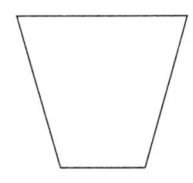

Welcher Füllgraph gehört zu dem Gefäß, wenn dieses mit gleichmäßigem Zufluss gefüllt wird?

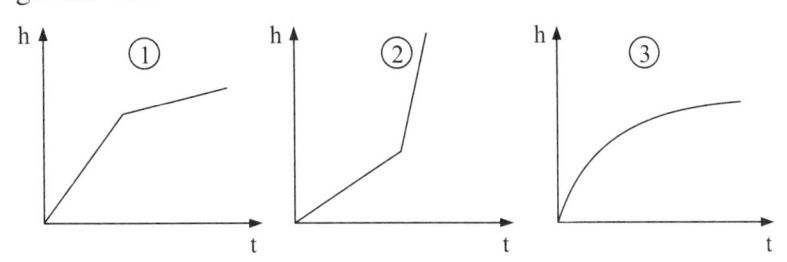

(h: Wasserstandshöhe, t: Einfüllzeit)

P 10.2 5 Dachdecker brauchen für eine Dachfläche 36 Stunden. Wie lange brauchen 3 Dachdecker für die gleiche Fläche?

P 10.3 Zeichne die Funktionen

$$f(x) = y = 2x - 2{,}5 \text{ und } g(x) = y = (x+3)^2 - 1$$

in ein Koordinatensystem!

Aufgabe P 11

P 11.1 Von einer Kugel wird der Radius verdoppelt. Wie ändert sich das Volumen?

P 11.2 Eine Blumenvase hat die Form einer Kugel. Zeichne den Graphen der Funktion der Füllhöhe in Abhängigkeit von der Zeit für den Fall, dass die Kugel gleichmäßig mit Wasser gefüllt wird.

P 11.3 Stelle die Formel

$$V = \frac{1}{6}\pi \cdot d^3$$

nach d um!

Aufgabe P 12

P 12.1 Ein Zug legt eine 391 km lange Strecke in 3 Stunden 24 Minuten zurück. Wie hoch ist die Durchschnittsgeschwindigkeit des Zuges?

P 12.2 Wie weit wäre der Zug bei gleich bleibender Geschwindigkeit in 5 Stunden gefahren?

P 12.3 Wie lange braucht der Zug für eine Strecke von 184 km? (bei gleich bleibender Geschwindigkeit)

Aufgabe P 13

P 13.1 Die Entfernung zweier Städte ist auf einer Landkarte (Maßstab 1 : 300 000) 24 cm. Wie lang ist die Strecke in Wirklichkeit?

P 13.2 Wie groß ist die Wahrscheinlichkeit mit einem normalen Spielwürfel eine gerade Augenzahl zu würfeln?

P 13.3 Ein Rechteck hat einen Umfang von 66 cm. Die Seite a ist doppelt so lang wie die Seite b. Berechne die Längen der Rechteckseiten!

Aufgabe P 14

P 14.1 Berechne den Flächeninhalt des abgebildeten Kreisrings!

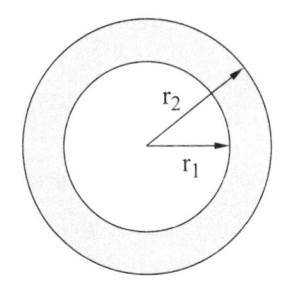

$r_1 = 5$ cm
$r_2 = 9$ cm

P 14.2 Von einer quadratischen Pyramide sind die Diagonale der Grundfläche (e = 8,5 cm) und das Volumen (V = 84 cm³) gegeben. Wie hoch ist die Pyramide? (Runde sinnvoll!)

P 14.3 Löse die folgende quadratische Gleichung rechnerisch und zeichnerisch!
$0 = (x-3)^2 - 1$

Aufgabe P 15

P 15.1 Bestimme die Funktionsgleichungen der abgebildeten linearen Funktionen!

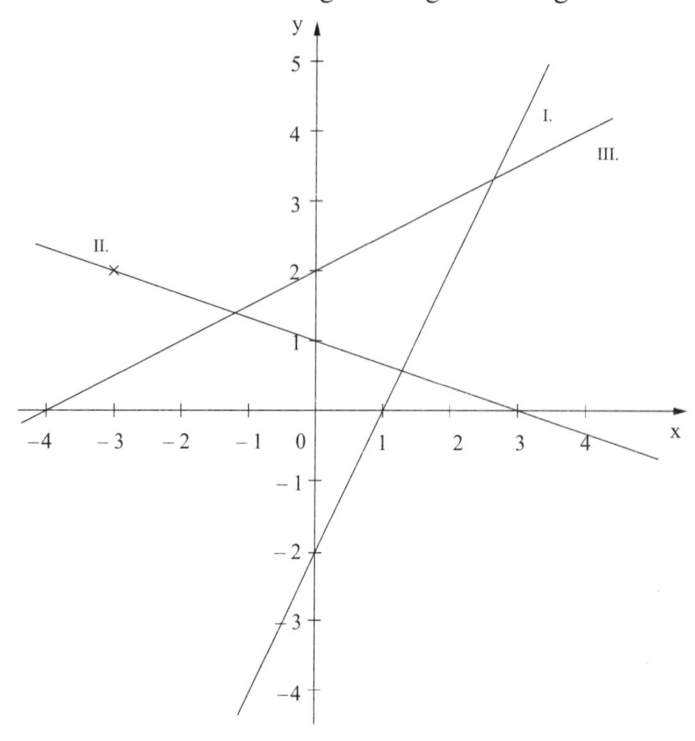

P 15.2 Berechne die Nullstelle der Funktion $y = -\frac{1}{2}x + 5$.

P 15.3 Bestimme den Schnittpunkt der beiden Funktionen

$$y = f(x) = -\frac{1}{2}x + 2$$
$$y = g(x) = x - 1$$

rechnerisch oder zeichnerisch.

Aufgabe P 16

P 16.1 Konstruiere das Dreieck ABC mit $|BC| = a = 5{,}6$ cm; $h_a = 3{,}5$ cm; $\gamma = 46°$.

P 16.2 Konstruiere ein Viereck mit den angegebenen Maßen:
$\overline{AD} \parallel \overline{BC}$; $b = 6{,}0$ cm; $h = 4{,}5$ cm; $\beta = 110°$; $\gamma = 105°$

P 16.3 Konstruiere ein allgemeines Viereck mit den folgenden Maßen:
$a = 5{,}5$ cm; $d = 4{,}0$ cm; $c = 3{,}5$ cm; $\alpha = 83°$; $\delta = 107°$

Aufgabe P 17

P 17 Eine Lostrommel enthält 10 Kugeln, von denen jeweils eine eine der Ziffern von 0 bis 9 trägt.

P 17.1 Mit welcher Wahrscheinlichkeit wird bei einmaligem Ziehen die Ziffer 6 gezogen?

P 17.2 Mit welcher Wahrscheinlichkeit wird bei einmaligem Ziehen die Ziffer 6 **oder** die Ziffer 1 gezogen?

P 17.3 Mit welcher Wahrscheinlichkeit wird bei zweimaligem Ziehen zuerst die Ziffer 6 gezogen, die Kugel wird wieder zurückgelegt **und** danach die Ziffer 1 gezogen?

P 17.4 Mit welcher Wahrscheinlichkeit wird bei zweimaligem Ziehen zuerst die Ziffer 1 gezogen, die Kugel wird wieder zurückgelegt **und** danach die Ziffer 6 gezogen?

P 17.5 Mit welcher Wahrscheinlichkeit wird bei zweimaligem Ziehen zuerst die Ziffer 6 gezogen, die Kugel wird **nicht** wieder zurückgelegt und **danach** die Ziffer 1 gezogen?

P 17.6 Mit welcher Wahrscheinlichkeit wird bei zweimaligem Ziehen die Ziffer 1 gezogen, die Kugel wird **nicht** wieder zurückgelegt und **danach** die Ziffer 6 gezogen?

P 17.7 Mit welcher Wahrscheinlichkeit wird bei zweimaligem Ziehen die Ziffer 6 **oder** die Ziffer 1 gezogen, die Kugel wird **nicht** wieder zurückgelegt und **danach** die jeweils andere Ziffer 1 oder 6 gezogen, um daraus die Zahl 61 oder 16 legen zu können?

Aufgabe P 18

P 18 Frau Walter möchte den Hauseingang mit Kletterrosen verschönern. Daher soll als Stütze für die Rosen ein parabelförmiges Gerüst aus stabilen Draht errichtet werden, das am Boden 2,2 m breit und in der Mitte 2,5 m hoch ist. Lege den Nullpunkt eines Koordinatensystems in den linken Punkt, an dem das Gerüst in den Boden übergeht.

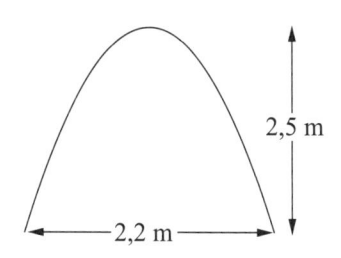

P 18.1 Eine Parabel kann in der Form

$$y = a(x-b)^2 + c$$

gegeben werden.
Was bedeuten a, b und c?

P 18.2 Gib nun die Gleichung der Parabel an, die die Form des Drahtgerüsts beschreibt! Runde dabei den Parameter a auf 2 Stellen nach dem Komma.

P 18.3 Begründe, warum a = 2,07 kein möglicher Wert für a ist!

P 18.4 Bestätige, dass
$$y = -2{,}07x^2 + 4{,}55x$$
ebenfalls die Form des Drahtgerüsts beschreibt!

Vermischte Übungsaufgaben
Aufgabenblock W – Wahlaufgaben

Aufgabe W 1

Familie Spar möchte sich ein neues Auto für 21 900 € kaufen. Nach drei Jahren soll das Auto wieder verkauft bzw. beim Leasing abgegeben werden. Der Händler bietet der Familie drei Möglichkeiten der Finanzierung an:

W 1.1 Das Auto wird auf Kredit gekauft.
- Familie Spar zahlt 40 % des Neupreises an und danach drei Jahre monatlich 405 €.
- Nach drei Jahren soll das Auto für 9 500 € wieder verkauft werden.

W 1.2 Das Auto wird bar bezahlt.
- Familie Spar bekommt 5 % Skonto (Rabatt) vom Neupreis.
- Wiederverkauf ist ebenfalls nach drei Jahren zum gleichen Preis wie bei Teilaufgabe 1.1.

W 1.3 Das Auto wird geleast.
- Familie Spar bezahlt 30 % des Neupreises und danach drei Jahre monatlich 220 €.
- Beim Leasing gibt es keinen Wiederverkauf. Das Auto wird wieder an die Firma zurückgegeben.

Stelle durch Berechnung der drei Möglichkeiten fest, welches die günstigste Variante ist!

Aufgabe W 2

Ein Sandhaufen hat die Form eines Kreiskegels mit einem Umfang von 25 m und einer Höhe von 2,5 m.

W 2.1 Welche Grundfläche nimmt der Sandhaufen ein?

W 2.2 Wie viele Tonnen Sand befinden sich auf der Baustelle, wenn 1 m³ Sand 1,7 t wiegt?

W 2.3 Welcher Betrag ist für den Sand zu bezahlen, wenn 1 t mit Anfahrt 11,75 € kostet?

W 2.4 Welcher Winkel wird zwischen der Grundfläche und der Neigung des Sandhaufens aufgespannt?

W 2.5 Wie ändert sich das Volumen des Sandhaufens, wenn die Höhe und der Radius verdoppelt werden? (Neigungswinkel bleibt gleich)

Aufgabe W 3

Eine lineare Funktion ist durch den Punkt P(−4|4) und die Steigung $m = -\frac{1}{2}$ gegeben.

W 3.1 Zeichne die Funktion und gib die Funktionsgleichung f(x) an!

W 3.2 Eine zweite Funktion ist durch die Funktionsgleichung g(x) = y = 1,5x − 2 gegeben. Zeichne die Funktion in dasselbe Koordinatensystem!

W 3.3 Ermittle rechnerisch den Schnittpunkt der beiden Funktionen!

W 3.4 Zeichne in das Koordinatensystem das Dreieck PQR ein, mit P(−4|4), Q(0|−4) und R(4|0).
Berechne die Länge $\overline{RP}$ im Dreieck!

W 3.5 Welchen Flächeninhalt hat das Dreieck PQR?

Aufgabe W 4

Gegeben ist das Dreieck PQR. (siehe Skizze)

W 4.1 Die Winkel α und β und die Seite r sind gegeben. Stelle eine Formel zur Berechnung der Seite p auf!

W 4.2 Stelle eine geeignete Formel zur Berechnung von Winkel β auf, wenn die Seiten p, q und r bekannt sind!

W 4.3 Die Parkanlage (ΔABC) soll um die Fläche ACD erweitert werden. Berechne den Flächeninhalt der Gesamtfläche ABCD.

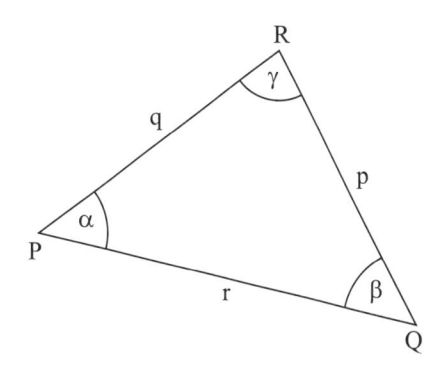

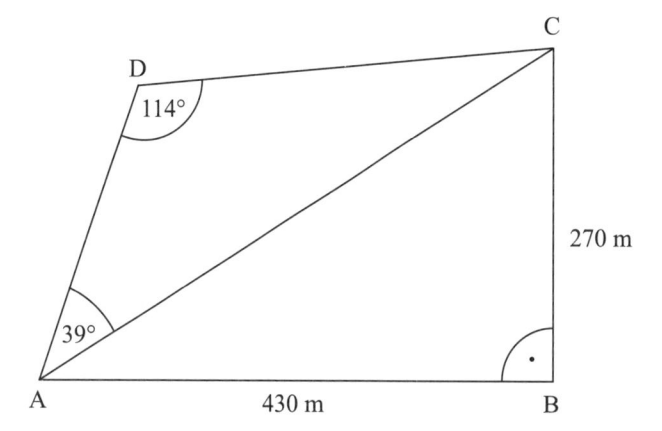

W 4.4 Um wie viel Prozent wurde die Parkanlage vergrößert?

W 4.5 Zeichne das Viereck in einem geeigneten Maßstab!

Aufgabe W 5

W 5.1 Der Umfang eines Dreiecks beträgt 64 cm. Die Seite a ist 10 cm kürzer als die Seite b, die Seite c ist 3 cm länger als die Seite a. Berechne die Seitenlängen a, b und c des Dreiecks!
Stelle zunächst die Gleichung auf und löse diese!

W 5.2 Zeichne die beiden Funktionen $f_1(x)$ und $f_2(x)$ in ein Koordinatensystem (eine Einheit entspricht 1 cm).
$y = f_1(x) = -3x - 1$
$y = f_2(x) = x + 3$

W 5.3 Ermittle aus der Zeichnung aus W 5.2 die Koordinaten des Schnittpunktes S der beiden Funktionen!

Aufgabe W 6

W 6.1 Welche der abgebildeten Netze gehören zu einem Prisma?

(1) (2) 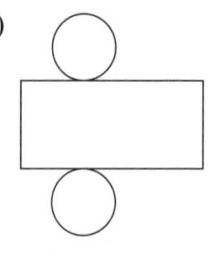 (3)

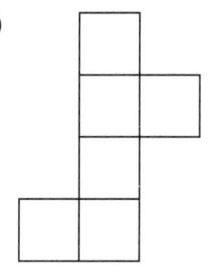

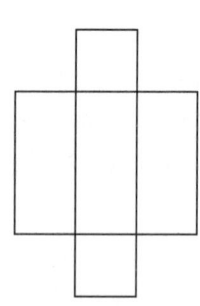

(4) 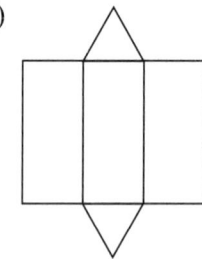 (5) 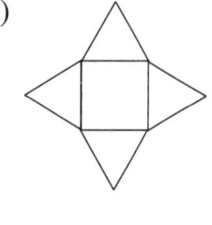 (6)

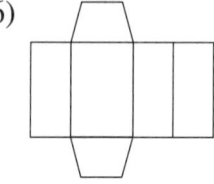

W 6.2 Berechne das Volumen des abgebildeten Turmes!

W 6.3 Wie groß ist die Dachfläche des Turmes?

W 6.4 Wie groß ist der Neigungswinkel α der Dachfläche?

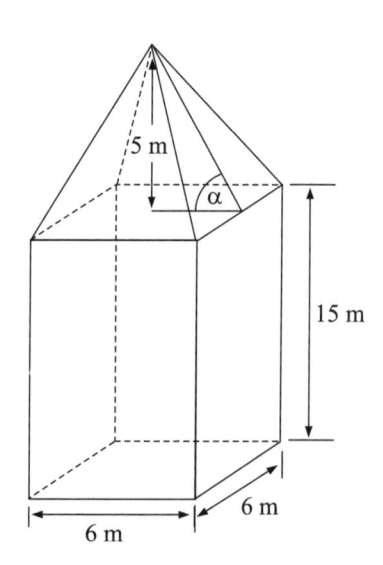

Aufgabe W 7

W 7.1 Vereinfache folgenden Term.

$$\frac{(x^2-y^2)^{-2}}{(x+y)^{-2}}$$

W 7.2 Für die Funktion $y=f(x)=x^{-3}$ ist eine Wertetabelle gegeben.

x	−2,5	−2			0	$\frac{1}{4}$			3
y			−1	−8			1	0,296	

Vervollständige diese!

W 7.3 Zeichne die beiden Funktionen in ein Koordinatensystem.

$y = f(x) = x^3 \quad (-2 \leq x \leq 2)$

$y = g(x) = x^{-1} \quad (-4 \leq x \leq 4)$

Wähle beim Aufstellen der Wertetabelle jeweils eine Schrittweite von 0,5.

W 7.4 Ermittle aus der Zeichnung, welche Punkte die beiden Funktionen gemeinsam haben!

Aufgabe W 8

W 8.1 In der Abbildung ist ein beliebiges Dreieck dargestellt:
Welche der Gleichungen ist richtig?

(I) $\quad z = \dfrac{x \cdot \sin \gamma}{\sin \beta}$

(II) $\quad \cos \beta = \dfrac{x^2 + z^2 - y^2}{2xz}$

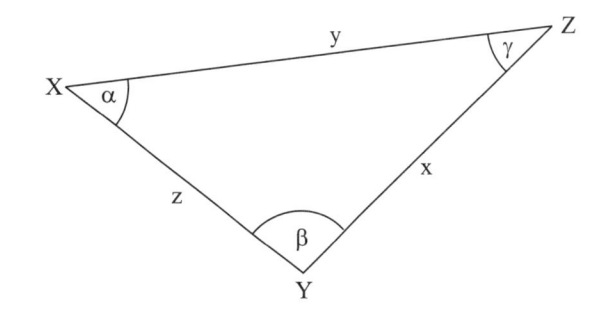

(III) $\quad \tan \alpha = \dfrac{x}{z}$

W 8.2 Gegeben ist ein Fünfeck MNOPQ mit den folgenden Maßen:

$\overline{NO} = 10,9 \text{ cm} \quad \sphericalangle NPO = 39°$
$\overline{MN} = 6,4 \text{ cm} \quad \sphericalangle NMQ = 100°$

Berechne die Länge $\overline{PQ}$!

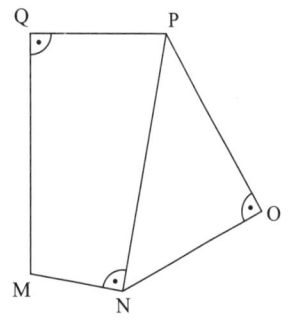

W 8.3 Von einem beliebigen Dreieck sind die Seite a = 13 cm, die Seite c = 17 cm und der Winkel β = 60° gegeben.
Berechne die Seite b und die Winkel α und γ!
(Fertige zuerst eine Skizze an!)

Aufgabe W 9

Familie Schreiber möchte in ihrem Haus umfangreiche Renovierungsarbeiten durchführen lassen. Dabei wird folgendes Angebot gemacht:

	Preis pro m² (ohne Mehrwertsteuer)	Fläche
Fliesen verlegen	63,00 €	45 m²
Decke mit Holz verkleiden	57,00 €	78 m²
Malerarbeiten	45,00 €	270 m²

Alle Preise schließen die Materialkosten mit ein.

W 9.1 Wie hoch ist der Gesamtbetrag der Renovierung ohne Mehrwertsteuer?

W 9.2 Wie hoch sind die Gesamtkosten, wenn noch 19 % Mehrwertsteuer zum Rechnungsbetrag dazu kommen?

W 9.3 Berechne, wie viel die einzelnen Posten inklusive der Mehrwertsteuer kosten und stelle diese Anteile an der Gesamtrechnung im Kreisdiagramm dar!

W 9.4 Wenn Familie Schreiber die Rechnung innerhalb von 7 Tagen bezahlt, erhält sie 2 % Skonto. Wie viel Euro kann die Familie dadurch sparen?

W 9.5 Vor 8 Jahren hat Familie Schreiber 17 000 € mit einem Zinssatz von 4,25 % angelegt. Reicht das Geld für die Renovierungsarbeiten?

Aufgabe W 10

W 10.1 Stelle in Zehnerpotenzschreibweise dar!

a) 149 600 000 (Entfernung der Erde von der Sonne in km)

b) 0,000 000 000 000 000 000 160 217 7
(Elementarladung eines Elektrons in C)

W 10.2 Vereinfache!

a) $\dfrac{(4a^2b)^{-3}}{(ab^2c)^{-2}}$

b) $\sqrt{x^2+10x+25}$

c) $\dfrac{15x^{2n-1}}{7x^{-2}} : \dfrac{21x^{-4n-2}}{35x^{2-n}}$

W 10.3 Stelle die Gleichungen auf und löse!
Ein Kegelclub (39 Mitglieder) bestellt in einem Hotel 17 Zimmer. Es gibt 2- und 3-Bettzimmer. Wie viele Zimmer jeder Art müssen bestellt werden?

Aufgabe W 11

W 11.1 Ein Glücksrad besteht aus 18 gleich großen Sektoren. 5 Sektoren sind rot (roter Sektor = Gewinn). Wie groß ist die Wahrscheinlichkeit, einen Gewinn zu erhalten?

W 11.2 Wie groß ist die Wahrscheinlichkeit, mit 2 Würfeln

a) die Augensumme 2

b) die Augensumme 7

zu würfeln?

W 11.3 Aus einer Urne mit drei weißen und zwei schwarzen Kugeln werden zwei Kugeln ohne Zurücklegen gezogen.

a) Wie groß ist die Wahrscheinlichkeit, dass beide Kugeln weiß sind?

b) Wie groß ist die Wahrscheinlichkeit, dass beide Kugeln verschiedenfarbig sind?

Aufgabe W 12

W 12.1 Eine Bakterienkultur hat zu Beginn eines Experiments eine Fläche von 1 mm². In einer Stunde verdoppelt sich jeweils die Fläche.

a) Wie groß ist die Fläche nach 2 h, 3 h, 4 h und 10 h?

b) Wie groß war die Fläche vor 1 h, 2 h, 3 h und 5 h?
(Berechne die Werte in einer Wertetabelle!)

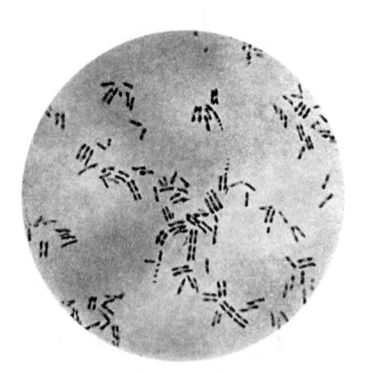

W 12.2 Zeichne die Funktion im Intervall −3 h ≤ x ≤ 4 h und gib die dazugehörige Funktionsgleichung an.

W 12.3 Ein Sparguthaben von 4 500 € wird mit 2,25 % verzinst. Berechne das Guthaben nach 3 und nach 9 Jahren!

Aufgabe W 13

W 13.1 Das Ergebnis einer Mathematikarbeit ist in der Tabelle zusammengestellt. Berechne den Durchschnittswert (arithmetisches Mittel)!

Note	1	2	3	4	5	6
Anzahl der Schüler	2	3	8	5	3	2

W 13.2 Beim 300-maligen Würfeln mit einem Würfel wurden folgende Augenzahlen erreicht:

Augenzahl	1	2	3	4	5	6
Anzahl	87	33	57	33	63	27

Berechne in einer Tabelle die absolute und die relative Häufigkeit (dezimal und prozentual)!

W 13.3 Zeichne zu dem Sachverhalt ein Säulendiagramm und ein Kreisdiagramm!

Aufgabe W 14

W 14 Ein Prisma hat als Seitenfläche ein rechtwinkliges Dreieck mit $\gamma=90°$, $\beta=56°$ und der Grundseite $c=8$ cm. Die Tiefe des Prismas beträgt $t=3$ cm. Um welchen Prozentsatz ist die gesamte Oberfläche des Prismas größer als die Ausgangsfläche mit den Seiten c und t?

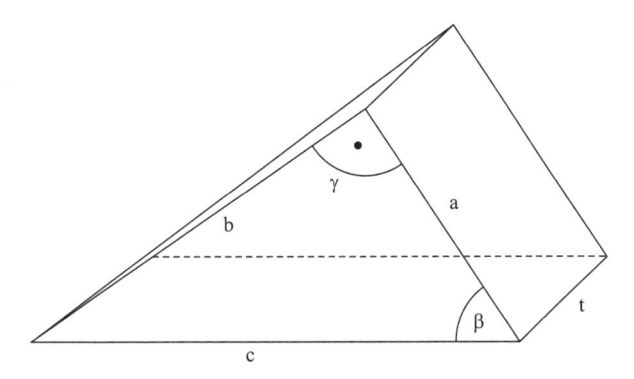

Aufgabe W 15

W 15 Eine Lostrommel enthält 10 Kugeln, die mit den Ziffern von 0 bis 9 beschriftet sind. Dabei kommt jede Ziffer genau einmal vor.
Berechne die Wahrscheinlichkeiten, die Zahl 12 entstehen zu lassen.

W 15.1 Mit welcher Wahrscheinlichkeit wird die Ziffer 1 gezogen und **danach** die Ziffer 2, wenn die zuerst gezogene Kugel wieder in die Lostrommel zurückgelegt wird?

W 15.2 Mit welcher Wahrscheinlichkeit werden bei zweimaligem Ziehen die Ziffern 1 oder 2 **in beliebiger Reihenfolge** gezogen, wenn die zuerst gezogene Kugel wieder in die Lostrommel zurückgelegt wird?

W 15.3 Mit welcher Wahrscheinlichkeit wird die Ziffer 1 gezogen und **danach** die Ziffer 2, wenn die zuerst gezogene Kugel nicht in die Lostrommel zurückgelegt wird?

W 15.4 Mit welcher Wahrscheinlichkeit werden bei zweimaligem Ziehen die Ziffern 1 oder 2 **in beliebiger Reihenfolge** gezogen, wenn die zuerst gezogene Kugel nicht in die Lostrommel zurückgelegt wird?

Aufgabe W 16

W 16 Eine Lostrommel enthält 9 Kugeln, die mit den Ziffern von 1 bis 9 beschriftet sind. Dabei kommt jede Ziffer genau einmal vor. Es wird dreimal nacheinander mit Zurücklegen gezogen. Die erste gezogene Ziffer ist die Hunderterziffer, die zweite die Zehnerziffer, die dritte die Einerziffer einer dreistelligen Zahl.

W 16.1 Berechne die Wahrscheinlichkeit dafür, eine Zahl mit lauter gleichen Ziffern zu erhalten.

W 16.2 Wie groß ist die Wahrscheinlichkeit, eine durch 5 teilbare Zahl zu erhalten?

W 16.3 Berechne die Wahrscheinlichkeit dafür, eine gerade Zahl zu erhalten.

W 16.4 Wie groß ist die Wahrscheinlichkeit, eine durch 10 teilbare Zahl zu erhalten?

Nun wird zweimal nacheinander, aber ohne Zurücklegen, gezogen und aus dem Ergebnis eine zweistellige Zahl gebildet. Das Ergebnis der ersten Ziehung ist die Zehner-, das Ergebnis der zweiten Ziehung die Einerziffer.

W 16.5 Wie groß ist die Wahrscheinlichkeit, eine durch 5 teilbare Zahl zu erhalten?

W 16.6 Wie groß ist die Wahrscheinlichkeit, eine gerade Zahl zu erhalten?

Notizen

Schriftliche Abschlussprüfungsaufgaben

Bildnachweis
Deckblatt: Wolfgang Neutsch, Jessen

Abschlussprüfung Mathematik Realschulen Hessen
Haupttermin 2008 – Pflichtaufgaben

Aufgabe P 1 *(1 Pkt.)*

Ordne den Zahlen 0,06 und $\frac{1}{4}$ den zugehörigen Buchstaben zu.

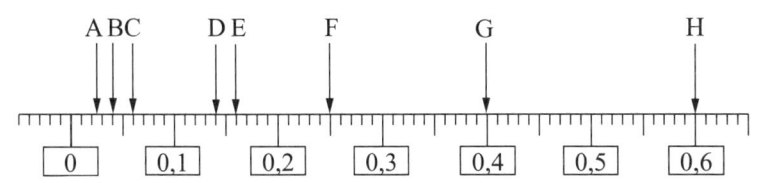

Aufgabe P 2 *(2 Pkte.)*

Löse die Klammer auf und fasse zusammen: $2 - 3 \cdot (4 - a)$

Aufgabe P 3 *(2 Pkte.)*

Im Rechteck ABCD ist der Punkt S die Mitte der Seite $\overline{CD}$. Verbindet man S mit den Eckpunkten A und B, so entsteht das Dreieck ABS.

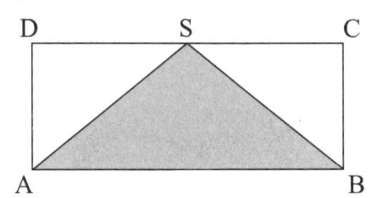

Diana behauptet: „Der Flächeninhalt des Dreiecks ABS ist halb so groß wie der Flächeninhalt des Rechtecks ABCD."
Hat Diana Recht?
Begründe deine Antwort. Du kannst deine Begründung mit einer Skizze ergänzen.

Aufgabe P 4 *(4 Pkte.)*

Mit dieser Formel kann man bei gegebenem Kapital K und Zinssatz p % die Zinsen für m Monate berechnen:

$$Z = \frac{K \cdot p}{100} \cdot \frac{m}{12}$$

P 4.1 Berechne die Zinsen für ein Kapital von 5 000 € bei einem Zinssatz von 2,5 % nach 4 Monaten. Runde das Ergebnis auf Cent.

P 4.2 Stelle die oben beschriebene Zinsformel nach K um:
  $K = \ldots$

P 4.3 Die Formel für die Zinsberechnung wurde nach m umgestellt:
$$m = \frac{Z \cdot 100}{K} \cdot \frac{12}{p}$$
Schreibe eine selbst ausgedachte Aufgabe ähnlich wie in P 4.1 auf, die man mithilfe dieser Formel lösen kann.

Aufgabe P 5

3 Pkte.

In einer Talkshow im Fernsehen äußern sich die Teilnehmer zu dieser Grafik.

Kosten bezogen auf die Werte von 1995

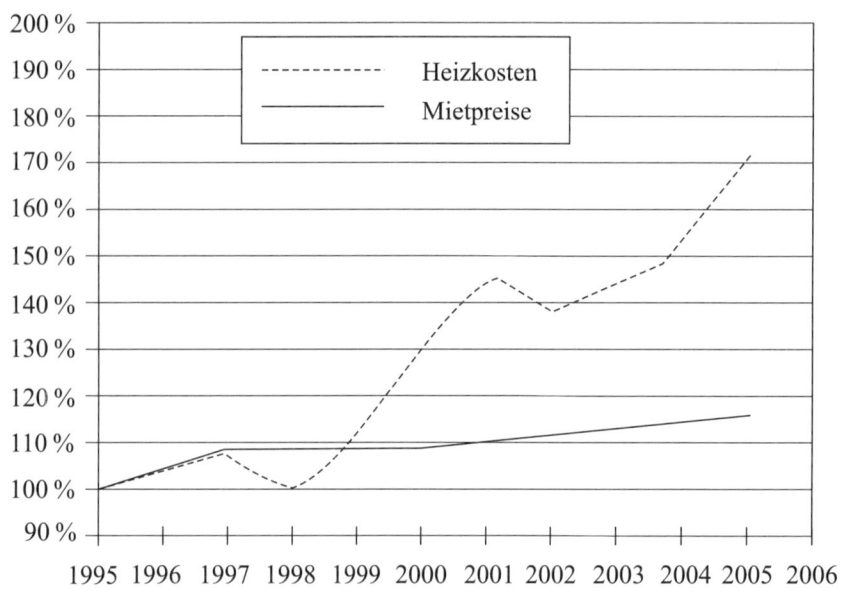

(---- Heizkosten / —— Mietpreise)

Quelle: Statistisches Bundesamt, BMWi, dena

P 5.1 Nicht alle der folgenden Äußerungen stimmen mit der Grafik überein.
Entscheide für jede Aussage, ob sie richtig oder falsch ist.

A	Die Heizkosten sanken 1998 wieder auf die Höhe von 1995.
B	Die Heizkosten sind jedes Jahr gestiegen.
C	Die Heizkosten sind von 1995 bis 2004 ungefähr auf das 1,5-fache angestiegen.
D	Die Mieten stiegen von 1995 bis 2005 um ca. 15 %.

P 5.2 Einer der Teilnehmer äußert: „Man kann an der Grafik ablesen, dass die Heizkosten und die Mietkosten im Jahr 1995 gleich hoch waren."
Begründe kurz, warum man diese Aussage nicht der Grafik entnehmen kann.

Aufgabe P 6

2 Pkte.

Überprüfe die Behauptung in der Titelzeile des Zeitungsartikels durch eine Rechnung. Formuliere eine Antwort.

> 15. Februar 2007
>
> **Prognose bestätigt: Heizkosten stiegen um 21,6 Prozent!**
>
> Die unerfreuliche Prognose zur Entwicklung der Heizkosten in der Saison 2005/2006 hat sich bestätigt: Die Heizkosten für eine 69 Quadratmeter große Wohnung stiegen von 500 € auf 608 €, also um 108 € an.
>
> http:/www.techem.de/Deutsch/Presse/Pressemeldungen/Produkte_und_Verbraucherinfos/Heizkosten-Analyse_2005-2006/index.phtml

Aufgabe P 7

5 Pkte.

Der Pkw-Verkehr belastet die Umwelt in Deutschland jährlich mit ungefähr 110 Millionen Tonnen CO_2 bei einem durchschnittlichen Benzinverbrauch von 8 Liter.

Man spricht von 8 Liter Verbrauch, wenn 8 Liter je 100 km verbraucht werden.

P 7.1 Um die Schadstoffmenge zu verringern, fordern politische Parteien ein Auto, das nur 5 Liter verbraucht (5 Liter-Auto).
Wie viele Tonnen CO_2 lassen sich einsparen, wenn der Durchschnittsverbrauch von 8 Liter auf 5 Liter gesenkt wird? Gib das Ergebnis gerundet auf Millionen Tonnen an.

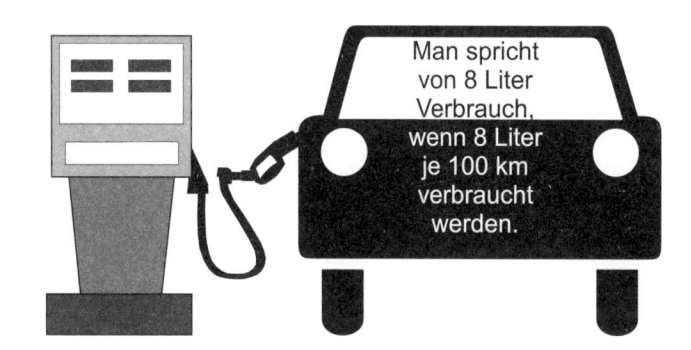

P 7.2 Der alte Pkw von Familie Bauer verbraucht durchschnittlich 7 Liter Benzin. Eine Tankfüllung reicht für 550 km. Frau Bauer schlägt vor, einen neuen Wagen zu kaufen, der nur noch 5 Liter Benzin verbraucht.
Wie viele Kilometer kann der neue Wagen mit einer Tankfüllung fahren, wenn die Tanks beider Wagen gleich groß sind?

Aufgabe P 8

6 Pkte.

Ein Swimmingpool ist 8 m lang, 4 m breit und hat eine gleichmäßige Tiefe von 2 m.

P 8.1 Zeichne ein Schrägbild des Pools in einem geeigneten Maßstab. Zeichne alle Kanten und trage die Maße des Pools in deine Zeichnung ein.

Quelle: home.online.no

P 8.2 Ein anderer Swimmingpool ist ebenfalls 8 m lang und 4 m breit. Er ist jedoch nicht überall gleich tief. An der einen Seite ist er 0,80 m tief und fällt dann bis zur gegenüberliegenden Seite gleichmäßig auf 2,00 m Tiefe ab (siehe Ansicht einer Seitenfläche).
Wie viele Kubikmeter Wasser fasst der Pool, wenn er bis zum Beckenrand gefüllt ist?

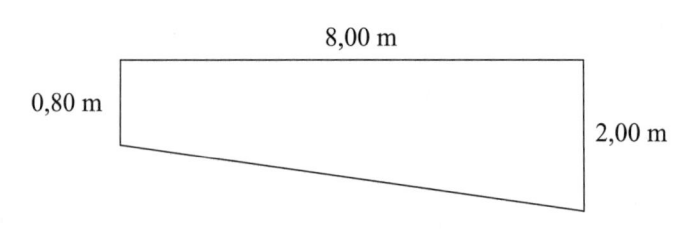

Aufgabe P 9

7 Pkte.

Im Schaufenster einer Autovermietung hängt folgende Tabelle:

Rent a Flizzy	Grundpreis pro Tag	Preis pro Kilometer
MiniRent Flizzy 455 (max. 4 Pers.)	49,80 Euro	0,25 Euro
MaxiRent Flizzy 457 (max. 5 Pers.)	75,25 Euro	0,12 Euro

P 9.1 Wie hoch sind die Kosten für eine Tagesfahrt von 180 km mit dem Tarif MiniRent?

P 9.2 Frau Müller hatte einen Wagen nach dem Tarif MiniRent gemietet und musste 107,30 € zahlen.
Wie viele Kilometer ist sie gefahren?

P 9.3 Stelle für beide Tarife MiniRent und MaxiRent eine Gleichung zur Berechnung der Gesamtkosten y in Abhängigkeit von der Anzahl der gefahrenen Kilometer x auf.
Schreibe in der Form
$y = ...$

P 9.4 Ab wie vielen Kilometern ist der Tarif MaxiRent günstiger als der Tarif MiniRent? Runde das Ergebnis auf ganze Kilometer und formuliere einen Antwortsatz.

Bemerkung: Es gibt verschiedene Möglichkeiten, die Lösung zu finden. Man muss erkennen können, wie du die Lösung gefunden hast.

Abschlussprüfung Mathematik Realschulen Hessen
Haupttermin 2008 – Wahlaufgaben

Aufgabe W 1　　　　　　　　　　　　　　　　　　　　　　　　　　　　　　　　　Punkte
　　8 Pkte.

Frau Krämer möchte ein Regal in eine Dachschräge wie in der Abbildung einbauen.

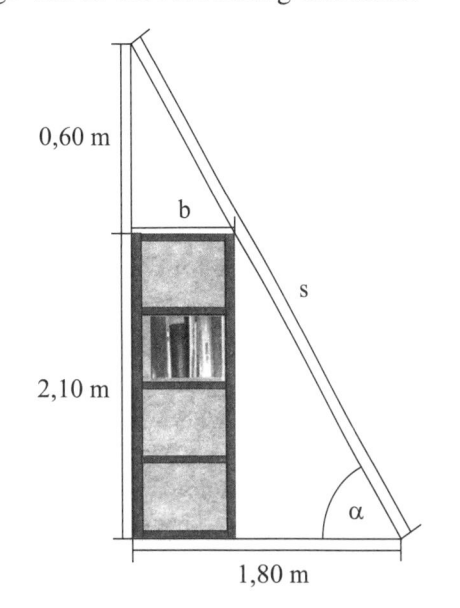

W 1.1　Berechne die Länge der Dachschräge s.
　　　　Runde auf Zentimeter.

W 1.2　Berechne die Breite b des Regals.

W 1.3　Berechne die Größe des Winkels α.
　　　　Runde auf Grad.

W 1.4　Schreibe die Gleichungen ab und
　　　　ergänze entsprechend der Angaben
　　　　in der Abbildung.

W 1.4.1　$\sin\alpha = \dfrac{2,70\,\text{m}}{}$

W 1.4.2　$\tan\alpha = \dfrac{}{b}$

Aufgabe W 2　　　　　　　　　　　　　　　　　　　　　　　　　　　　　　　　　8 Pkte.

Die Beleuchtungsstärke ist ein Maß
für die Helligkeit und wird in Lux
gemessen.
Auf einem See beträgt die Beleuchtungsstärke an der Oberfläche
5 000 Lux.
Im See verringert sich die Beleuchtungsstärke pro Meter Wassertiefe
mit dem Faktor 0,8.

W 2.1　Berechne die Beleuchtungsstärke in 1 m und in 3 m Wassertiefe.

W 2.2　Schreibe einen Term zur Berechnung der Beleuchtungsstärke nach n Metern auf.

W 2.3　Ein Taucher will in 20 m Tiefe mit einer Kamera filmen, die eine Beleuchtungsstärke
　　　　von mindestens 50 Lux benötigt. Berechne, ob er in dieser Tiefe noch filmen kann.
　　　　Formuliere einen Antwortsatz.

W 2.4　In welcher Wassertiefe ist nur noch eine Beleuchtungsstärke von 140 Lux vorhanden?
　　　　Runde das Ergebnis auf ganze Meter.

W 2.5　In einem anderen See nimmt die Beleuchtungsstärke durch das trübere Wasser pro Me-
　　　　ter um 25 % ab. Klaus behauptet, dass die Beleuchtungsstärke dann in 4 m Wassertiefe
　　　　auf den Wert 0 gesunken ist. Erkläre, warum diese Aussage nicht richtig ist.

Aufgabe W 3

8 Pkte.

Der Benzinverbrauch eines Pkw hängt stark von seiner Geschwindigkeit ab.
Diese Abhängigkeit lässt sich für den Pkw Folo im 5. Gang ab 80 km/h annähernd durch die folgende Funktionsgleichung beschreiben.

$y = 0{,}0004 x^2 - 0{,}03x + 5$

www.avv.de

Dabei sind die Geschwindigkeit x in km/h und der Benzinverbrauch y in Liter pro 100 km angegeben.

W 3.1 Berechne den Benzinverbrauch y bei einer Geschwindigkeit von x = 130 km/h.

W 3.2 Welcher der folgenden Graphen passt zu der Funktionsgleichung
$y = 0{,}0004 x^2 - 0{,}03x + 5$

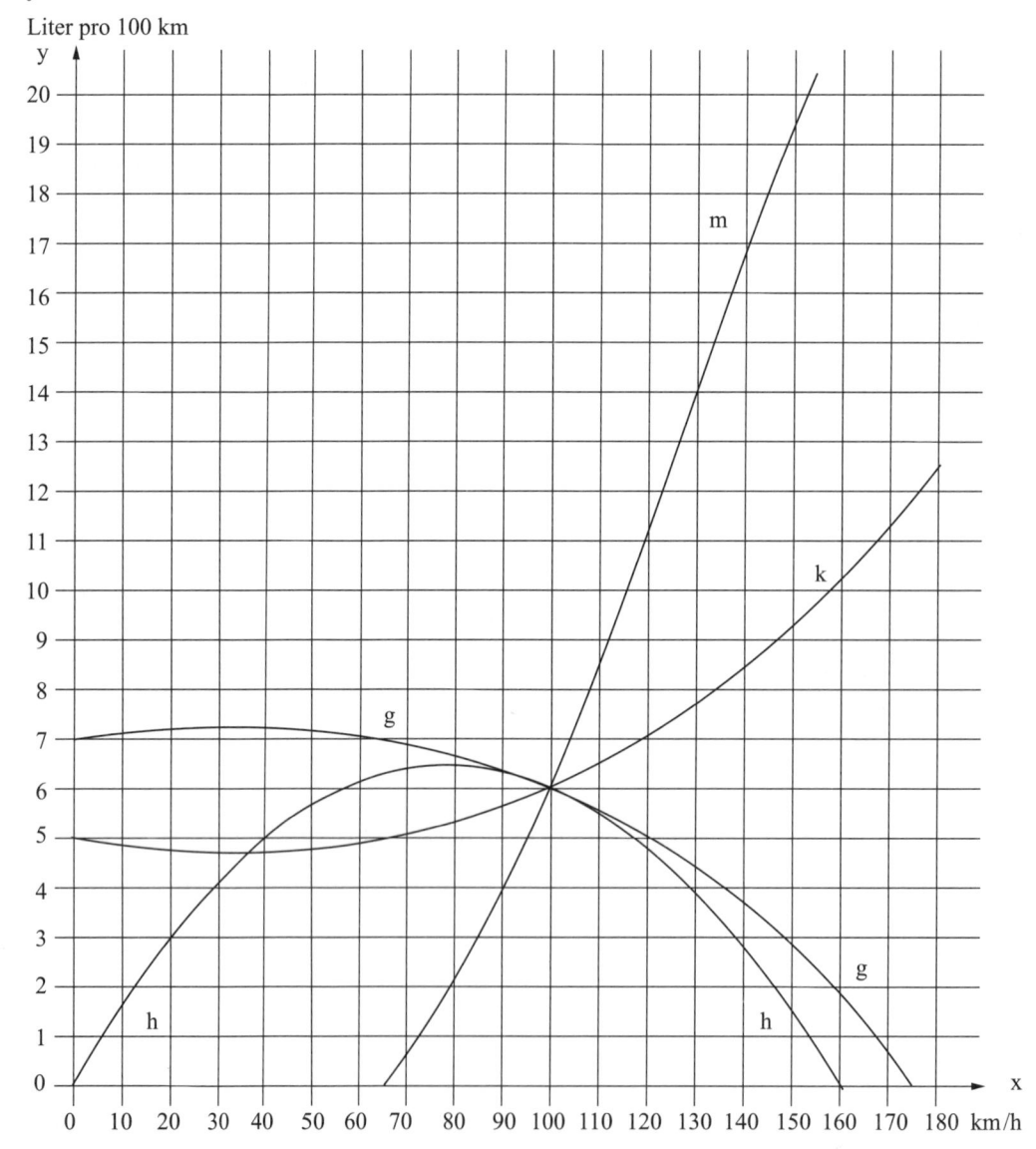

Obwohl die Funktion erst ab 80 km/h der Realität entspricht, wird hier der Verlauf ab 0 km/h dargestellt.

W 3.3 Berechne, bei welcher Geschwindigkeit x der Folo einen Verbrauch von y = 6 Liter pro 100 km hat.
Formuliere einen Antwortsatz.

W 3.4 Begründe, warum die Funktionsgleichung
$y = -0{,}0004\,x^2 - 0{,}03x + 5$
nicht den Benzinverbrauch eines Pkw (ab einer Geschwindigkeit von 80 km/h im 5. Gang) beschreiben kann.

Aufgabe W 4

8 Pkte

Bei Neubauten werden die Fußböden in der Regel aus Estrich gegossen. Der Estrich wird als Pulver in Silos (siehe Bild) geliefert. Das Estrichpulver wird mit Wasser zu einer fließfähigen Masse vermischt, die dann auf den Boden der Räume gepumpt wird.
Herr Becker möchte im Rohbau eines Hauses auf einer Fläche von 160 m² den Estrich 5 cm dick auftragen. Er versucht zu schätzen, ob eine Silofüllung ausreichen wird.

W 4.1 Wie viel Kubikmeter Estrich benötigt Herr Becker für das Haus?

(1 m³ Trockenmasse (Pulver) ergibt auch 1 m³ fertigen Estrich!)

W 4.2 Reicht der Inhalt des bis zum Rand gefüllten Silos für die benötigte Estrichmenge?
Schätze die für eine Rechnung notwendigen Maße und berechne.
Formuliere einen Antwortsatz.

W 4.3 Herr Becker schätzt, dass der kegelförmige Teil des Silos halb so hoch ist wie der zylinderförmige Teil. Er meint: „In den kegelförmigen Teil passen 3 m³ Estrich."

W 4.3.1 Wie viel m³ Estrich passen dann in den zylinderförmigen Teil?
Notiere den Wert auf dem Reinschriftpapier.

| 6 m³ | 9 m³ | 12 m³ | 18 m³ | 24 m³ |

W 4.3.2 Begründe deine Antwort mit den Formeln für den Kegel und den Zylinder.

Aufgabe W 5

8 Pkte.

Otto steht vor einem Spielautomaten mit zwei Glücksrädern. Um eine Spielrunde zu starten, werden die Räder zum Rotieren gebracht. Jedes Feld auf den Glücksrädern hat die gleiche Wahrscheinlichkeit, beim Stillstand im Sichtfenster zu erscheinen. Nach dem Stillstand erkennt man im Sichtfenster eine zweistellige Zahl (im Bild die 32).

W 5.1 Wie hoch ist die Wahrscheinlichkeit, dass rechts im Sichtfenster die „2" erscheint?

W 5.2 Berechne die Wahrscheinlichkeit dafür, dass im Sichtfenster die Zahl „13" erscheint.

W 5.3 Wie hoch ist die Wahrscheinlichkeit, dass die beiden Ziffern im Sichtfenster gleich sind?

W 5.4 Bei jedem Spiel mit dem Automaten ist ein Einsatz von 20 Cent zu zahlen.
Erscheint die Glückszahl „32", so wirft der Automat 3 Euro aus, bei den anderen Zahlen geschieht nichts.
Die Wahrscheinlichkeit, dass im Sichtfenster die Glückszahl „32" erscheint ist $P = \frac{1}{20}$.
Otto spielt 100-mal.

Hat Otto am Ende seiner Spiele einen Gewinn oder einen Verlust zu erwarten?
„Gewinn" bedeutet, dass Otto mindestens seinen Einsatz von 20 € gewinnt. „Verlust" bedeutet, dass der Automat weniger als 20 € auswirft.
Begründe deine Antwort.

Abschlussprüfung Mathematik Realschulen Hessen
Haupttermin 2009 – Pflichtaufgaben

Aufgabe P 1 *(1 Pkt.)*

Berechne den Wert des Terms $\dfrac{15a - 0{,}5}{28}$ für $a = 0{,}5$.

Aufgabe P 2 *(1 Pkt.)*

Vergleiche die Werte der beiden folgenden Terme. Schreibe die Terme auf dein Reinschriftpapier und setze eines der Zeichen „<", „>" oder „=" dazwischen.

$\quad$ 2 Milliarden : 5 $\quad\square\quad$ $4{,}1 \cdot 10^8$

Aufgabe P 3 *(2 Pkte.)*

In der Klasse 10d besitzen einige Schüler den Führerschein (die Prüfbescheinigung) zum Fahren eines Mofas. In den folgenden Gleichungen steht **m** für die Anzahl der Schüler **mit** Führerschein, **n** für die Anzahl der Schüler **ohne** Führerschein.

P 3.1 Welche der folgenden Aussagen passt zu der Gleichung $m = 3 \cdot n$?
Schreibe den Buchstaben der richtigen Aussage auf dein Reinschriftpapier.

- **A** Es gibt dreimal so viele Schüler ohne Führerschein wie Schüler mit Führerschein.
- **B** Es gibt dreimal so viele Schüler mit Führerschein wie Schüler ohne Führerschein.
- **C** Es gibt drei Schüler mehr mit Führerschein als Schüler ohne Führerschein.
- **D** Es gibt drei Schüler mehr ohne Führerschein als Schüler mit Führerschein.

P 3.2 Formuliere eine passende Aussage zu der Gleichung $m = n + 4$.

Aufgabe P 4 *(4 Pkte.)*

P 4.1 Berechne die Größe der Winkel α und β.
Schreibe den Rechenweg auf dein Reinschriftpapier.

P 4.2 Konstruiere das Dreieck ABC mit den Maßen $a = 6$ cm, $c = 4$ cm und $\beta = 60°$.
Beschrifte die Eckpunkte im Dreieck.

M 2009-1

Aufgabe P 5

6 Pkte.

P 5.1 Ein Pullover kostete 23,95 €. Er wurde um 5,95 € reduziert und kostet nun nur noch 18 €. Schreibe den Prozentsatz **und** den Bruch, die am besten zur Reduzierung passen, auf dein Reinschriftpapier.

$$15\,\% \quad 20\,\% \quad 25\,\% \quad 30\,\%$$

$$\frac{1}{3} \quad \frac{1}{4} \quad \frac{1}{5} \quad \frac{1}{6}$$

P 5.2 In einem Jeansshop wurden die Preise gesenkt und folgende Schilder aufgestellt.

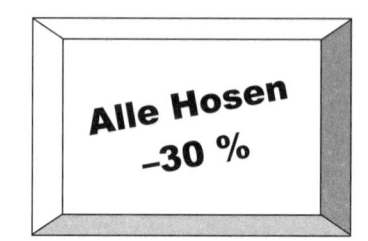

Alle Jacken −20 %

Alle Hosen −30 %

P 5.2.1 Lisa kauft sich eine Jacke, die ursprünglich 74,90 € kostete.
Berechne, wie viel Euro Lisa beim Kauf der Jacke spart.

P 5.2.2 Lisa bezahlt für eine im Preis reduzierte Hose 34,86 €.
Berechne, wie teuer die Hose vorher war.

P 5.3 Lisa sieht sich die beiden Schilder noch einmal an. Nach dem Einkauf ruft sie ihre Freundin Anna an: „Wenn du in diesem Jeansshop eine Jacke und eine Hose kaufst, dann sparst du immer 25 %, egal welche Jacke und Hose du kaufst."

P 5.3.1 Begründe, warum Lisa meint, sie hätte eine Ersparnis von 25 %.

P 5.3.2 Hat Lisa Recht? Begründe deine Antwort.

Aufgabe P 6

7 Pkte.

P 6.1 Ein leeres quaderförmiges Aquarium wird gleichmäßig mit Wasser gefüllt. Nach 5 Minuten hat das Wasser eine Höhe von 4,5 cm erreicht.
Berechne, in welcher Höhe das Wasser nach 12 Minuten steht.

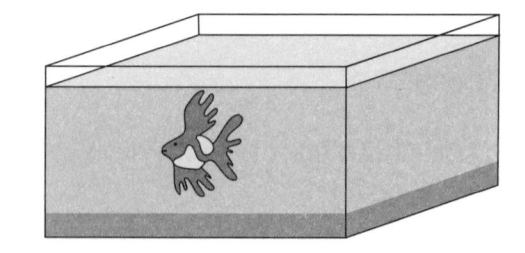

P 6.2 In einem 40 cm hohen quaderförmigen Aquarium steht das Wasser bereits 18 cm hoch. Es wird nun weiter Wasser nachgefüllt, das gleichmäßig um 1,5 cm pro Minute steigt.

P 6.2.1 Übertrage die Tabelle auf dein Reinschriftpapier. Fülle die Tabelle aus.

Füllzeit t in Minuten	0	1	5	10
Füllhöhe h des Aquariums in Zentimeter				

P 6.2.2 Berechne, wie lange es dauert, bis im Aquarium eine Wasserhöhe von 35 cm erreicht wird. Gib das Ergebnis in Minuten und Sekunden an.

P 6.2.3 In den Gleichungen steht **t** für die Füllzeit in Minuten und **h** für die Füllhöhe in Zentimeter. Welche Gleichung beschreibt diesen Füllvorgang?
Schreibe den richtigen Buchstaben auf dein Reinschriftpapier.

A $h = -1,5\,t + 18$	C $h = 1,5\,t + 18$
B $h = 18\,t + 1,5$	D $h = 1,5\,t - 18$

P 6.3 Das leere abgebildete Goldfischglas wird gleichmäßig mit Wasser gefüllt. Welcher der vier Graphen beschreibt diesen Füllvorgang am besten?
Schreibe den richtigen Buchstaben auf dein Reinschriftpapier.

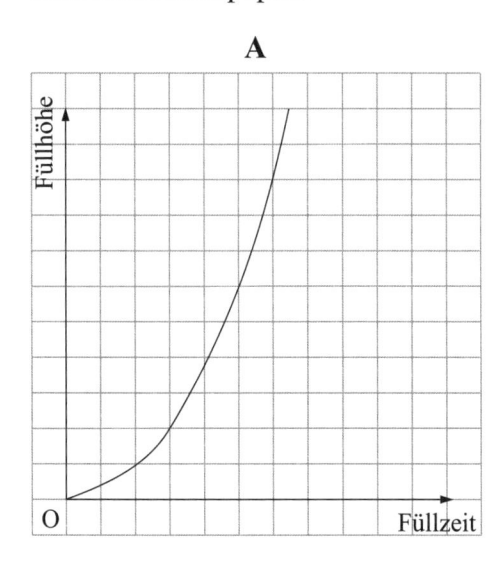

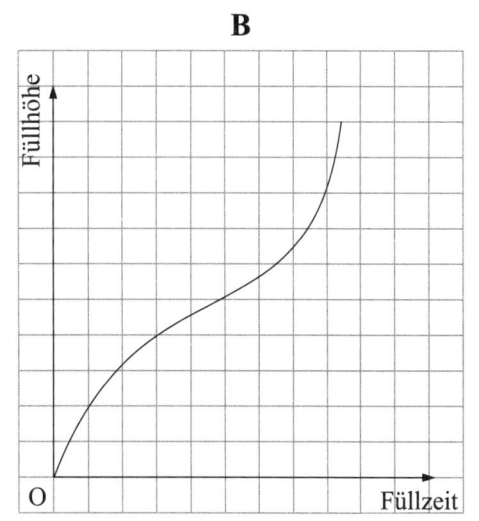

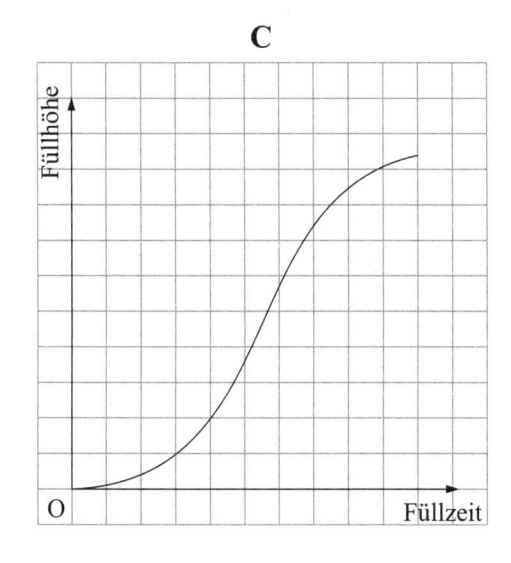

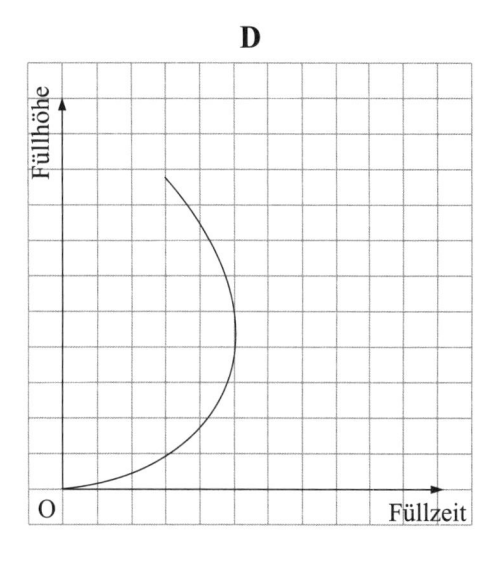

Abschlussprüfung Mathematik 2009 – Pflichtaufgaben

Aufgabe P 7

5 Pkte.

P 7.1 Gib alle Lösungen der Gleichung $x^2 - 64 = 0$ an.

P 7.2 Eine Parabel ist durch die Funktionsgleichung $y = x^2 - 6x + 5$ gegeben.

P 7.2.1 Der Punkt $P(3|y)$ liegt auf dieser Parabel. Gib den y-Wert an.

P 7.2.2 Berechne die Nullstellen dieser Funktion.

Aufgabe P 8

6 Pkte.

P 8.1 Eine Münze ist 3 mm dick und hat einen Durchmesser von 45 mm. Berechne das Volumen der Münze. Runde auf zehntel Kubikzentimeter.

P 8.2 Die Abbildung zeigt eine quadratische Sammelbox für acht Münzen.
Die kreisförmigen Vertiefungen liegen jeweils in der Mitte gleich großer Quadrate.

P 8.2.1 Bestimme den Abstand x der Vertiefungen, in die die Münzen gelegt werden.

P 8.2.2 Im Punkt M (Schnittpunkt der Diagonalen) befindet sich ein Griff zum Heben der Sammelbox.
Berechne den Abstand von M zu einer Ecke der Sammelbox. Runde auf Zentimeter.

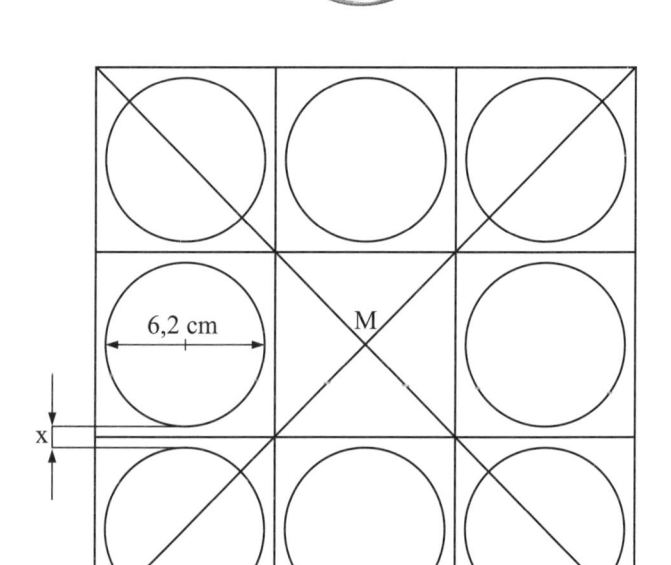

Die Zeichnung ist nicht maßstabsgerecht.

Abschlussprüfung Mathematik Realschulen Hessen
Haupttermin 2009 – Wahlaufgaben

Aufgabe W 1

Punkte: 8 Pkte.

Als schiefster Turm der Welt gilt nach dem Guinness-Buch der Rekorde der Kirchturm im ostfriesischen Ort Suurhusen.
Abb. 2 zeigt einen Längsschnitt des schiefen Turms.
Die Zeichnung ist nicht maßstabsgerecht.

W 1.1 Der Winkel 5,2° gibt die Neigung der Turmmauer gegenüber der Senkrechten (Höhe h) an. Die Strecke x gibt den Überhang an (s. Abb. 2).

W 1.1.1 Berechne die Größe des Winkels α.

W 1.1.2 Berechne die Länge des Überhanges x. Runde auf Zentimeter.

W 1.2 Wegen Einsturzgefahr müssen an dem über 2 000 Tonnen schweren Turm Sicherungsmaßnahmen durchgeführt werden. Eine Überlegung ist, einen Eisenträger einzubauen (s. Abb. 2).

W 1.2.1 Berechne die Länge t des Eisenträgers. Runde auf Zentimeter.

Abb. 1: http://www.orgelseite.de/Sonstiges/Kurios/Suurhusen_1.jpg

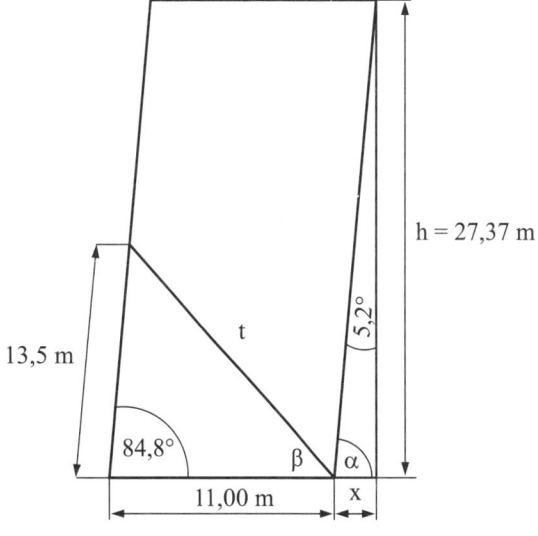

Abb. 2

W 1.2.2 Mit welcher Gleichung kann der Winkel β richtig berechnet werden? Schreibe den passenden Buchstaben auf dein Reinschriftpapier.

A $\sin\beta = \dfrac{13{,}50\text{ m}}{t}$	C $\beta + 84{,}8° = 90°$
B $\sin\beta = \dfrac{\sin 84{,}8° \cdot 13{,}50\text{ m}}{t}$	D $\tan\beta = \dfrac{13{,}50\text{ m}}{11{,}00\text{ m}}$

W 1.3 Der berühmte schiefe Turm von Pisa hat eine Höhe von h = 55 m und einen Überhang von x = 4,3 m.
Zeige durch eine Rechnung, dass seine Neigung kleiner als 5,2° ist.

M 2009-5

Aufgabe W 2 8 Pkte.

W 2.1 Nach dem Trinken des koffeinhaltigen Getränks ColdStar gelangt Koffein ins Blut und wird dort abgebaut. Janis hat eine Dose ColdStar getrunken. Um 22 Uhr waren 50 mg Koffein in seinem Blut. Der Koffeingehalt im Blut nimmt dann jede Stunde um 20 % ab.

W 2.1.1 Berechne, wie viel mg Koffein Janis um Mitternacht im Blut hat.

W 2.1.2 Gib einen Term an, mit dem sich die Menge des Koffeins im Blut nach n Stunden berechnen lässt.

W 2.1.3 Drei Stunden nach der vollständigen Aufnahme des Koffeins ist nur noch etwa halb so viel Koffein im Blut vorhanden.
Überprüfe diese richtige Aussage mit einer Rechnung.

W 2.1.4 Janis Freund behauptet: „Wenn nach drei Stunden nur noch die Hälfte da ist, dann ist nach sechs Stunden kein Koffein mehr vorhanden."
Überprüfe diese Aussage und begründe deine Antwort.

W 2.2 Die Grafik zeigt die exponentielle Abnahme von 120 mg einer Zuckerart im Blut.

W 2.2.1 Um wie viel Prozent nimmt die Menge dieser Zuckerart stündlich ab? Schreibe den Buchstaben vor der richtigen Prozentzahl auf dein Reinschriftpapier.

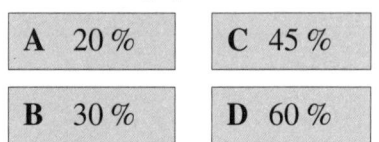

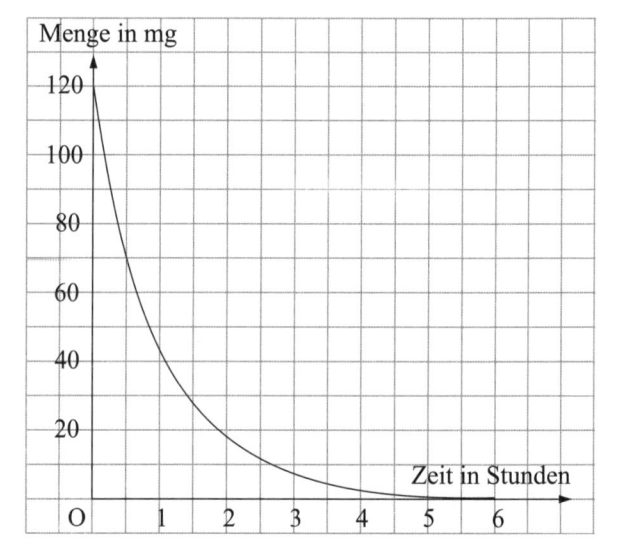

A	20 %
B	30 %
C	45 %
D	60 %

W 2.2.2 Die sehr kleinen Werte sind aus dem Diagramm nicht gut ablesbar.
Wie viel Milligramm dieser Zuckerart sind nach fünf Stunden noch vorhanden?
Rechne mit deinem Prozentsatz aus W 2.2.1.

Aufgabe W 3 | 8 Pkte. |

W 3.1 In der Cafeteria einer Schule wurden in zwei Wochen 2 620 Mahlzeiten ausgegeben (siehe Tabelle). An einem Freitag war ein Schulwandertag.

Tag	Mo	Di	Mi	Do	Fr	Mo	Di	Mi	Do	Fr
Mahlzeiten	298	216	227	225	10	339	314	308	342	341

W 3.1.1 Bestimme das arithmetische Mittel und den Zentralwert (Median) für die Anzahl der ausgegebenen Mahlzeiten.

W 3.1.2 Frau Günter ist für die Essensplanung verantwortlich. Welcher der Werte – arithmetisches Mittel oder Zentralwert – ist für ihre Planung aussagekräftiger?
Begründe deine Antwort.

W 3.1.3 Berechne, wie viele Mahlzeiten **insgesamt in der kommenden Woche** ausgegeben werden müssen, damit für die drei Schulwochen ein arithmetisches Mittel von 300 Mahlzeiten erreicht wird.

W 3.2 Die Klasse 10a führte eine Umfrage zur Beliebtheit der verschiedenen Pausenangebote in der Cafeteria durch. Die Klasse erhielt folgende Ergebnisse:

Brezel	Müsliriegel	Pizza	Nussecke
89,1 %	91 %	92,4 %	93,2 %

W 3.2.1 Ihre Umfrageergebnisse stellte die Klasse in der nebenstehenden Grafik dar.

Daniela wundert sich darüber, dass es in der Grafik so aussieht, als seien die Nussecken doppelt so beliebt wie die Brezeln.

Erläutere, wodurch dieser Eindruck entsteht.

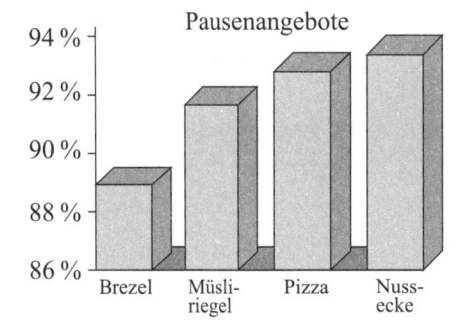

W 3.2.2 Letzte Woche wurden die Artikel in dieser Anzahl verkauft:

Brezel: 206
Müsliriegel: 210
Pizza: 250
Nussecke: 334

Welches Diagramm gibt die Verteilung richtig wieder? Schreibe den passenden Buchstaben auf dein Reinschriftpapier.

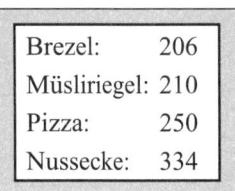

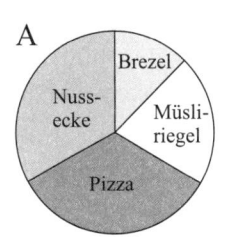

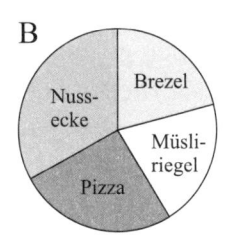

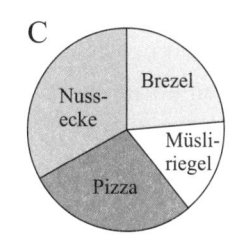

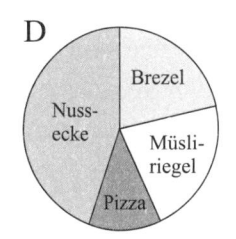

Aufgabe W 4 8 Pkte.

Die Abbildung zeigt eine Karte des Karlsfelder Sees, einem beliebten Badeort bei München.

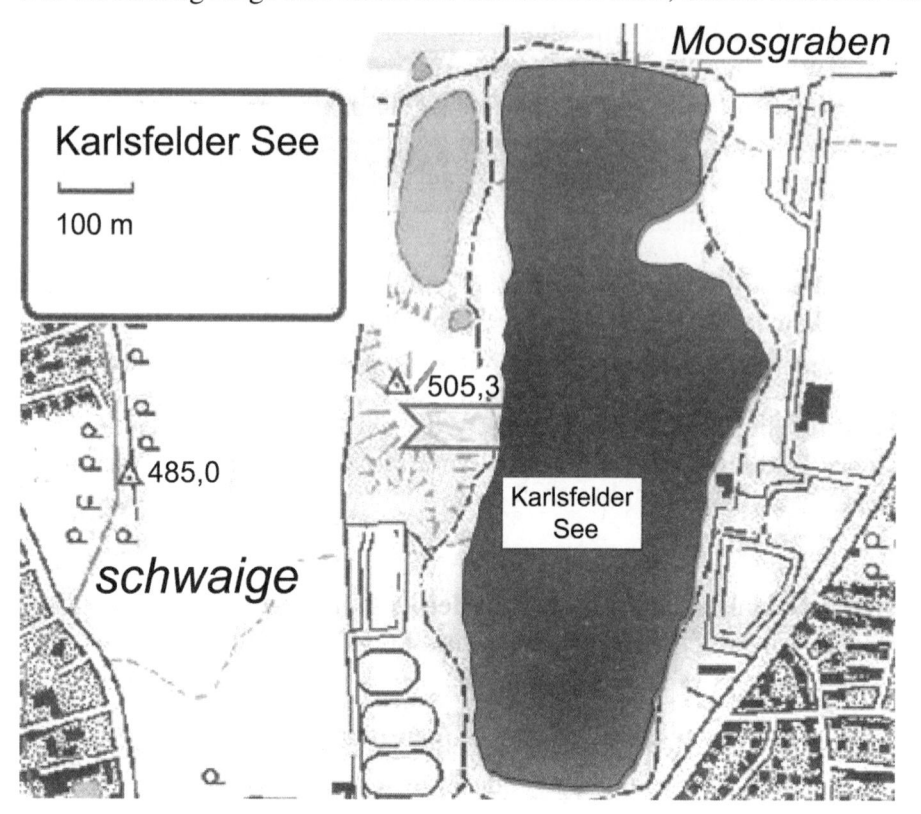

W 4.1 Notiere auf dein Reinschriftpapier den Maßstab für diese Karte in der Form **1 : …** .

W 4.2 Welche Größe passt angenähert zur Uferlänge des Karlsfelder Sees?
Schreibe den Buchstaben zur passenden Größe auf dein Reinschriftpapier.

A	0,031 km	C	3,1 km
B	310 m	D	31 000 m

W 4.3 Auf einer Internetseite wird der Flächeninhalt des Sees mit 2,5 km² angegeben. Beate vermutet, dass diese Angabe viel zu groß ist.

W 4.3.1 Berechne näherungsweise den Flächeninhalt des Sees.

W 4.3.2 Ist Beates Vermutung richtig? Begründe deine Entscheidung.

W 4.4 Im See sind ca. 1 225 000 m³ Wasser. Im Süden gelangt unterirdisch Grundwasser in den See, das im Norden abfließt. Pro Sekunde fließen 500 Liter Wasser aus dem See. Berechne, nach wie vielen Tagen der See leer wäre, wenn kein Grundwasser nachfließen würde und das Wasser vollständig abfließen könnte. Runde auf ganze Tage.

Aufgabe W 5

8 Pkte.

Alex muss auf seinem Schulweg an drei Fußgängerampeln die Straße überqueren.
Die Wahrscheinlichkeit dafür, dass bei seiner Ankunft eine Ampel auf Rot geschaltet ist, beträgt 60 %.
Die drei Ampeln sind unabhängig voneinander geschaltet.

W 5.1 Eine Möglichkeit ist, dass die 1. Ampel Grün, die 2. Ampel Grün und die 3. Ampel Rot zeigt, kurz: (GGR).

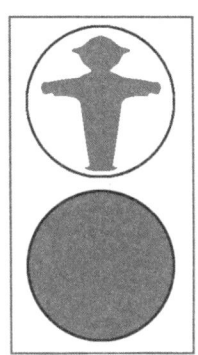

Schreibe **alle** Möglichkeiten auf, die Alex auf seinem Schulweg antreffen kann.

W 5.2 Berechne die Wahrscheinlichkeit für eine „grüne Welle", d. h. dass auf Alex' Schulweg alle Ampeln Grün zeigen.

W 5.3 Berechne die Wahrscheinlichkeit dafür, dass zwei Ampeln Grün zeigen und eine andere Ampel Rot zeigt.

W 5.4 Die Ampelanlage soll fußgängerfreundlicher geschaltet werden und zwar so, dass die Grünphase genauso lange dauert wie die Rotphase.
Alex Vater sagt: „Für den Schulweg von Alex ist jetzt die Wahrscheinlichkeit, dass zwei Ampeln Grün zeigen und eine andere Ampel Rot zeigt, genau so groß wie die Wahrscheinlichkeit, dass alle Ampeln Grün zeigen."
Stimmt diese Aussage? Begründe deine Meinung.

Abschlussprüfung Mathematik Realschulen Hessen
Haupttermin 2010 – Pflichtaufgaben

Aufgabe P 1

Ersetze in der Zahlenfolge a und b durch passende Zahlen

1; 6; 2; 7; **a**; 8; 4; **b**; 5

Schreibe die Zahlen auf dein Reinschriftpapier. a = …
b = …

Aufgabe P 2

In einer Klasse mit 24 Schülerinnen und Schülern ist jeder sechste ein Junge.

a Wie viele Jungen sind in der Klasse?

b Welche Aussage ist wahr?
Schreibe den Buchstaben der wahren Aussage auf dein Reinschriftpapier.

A Die Anzahl der Mädchen ist sechsmal so hoch wie die Anzahl der Jungen.

B Die Anzahl der Mädchen ist fünfmal so hoch wie die Anzahl der Jungen.

C Die Anzahl der Jungen ist sechsmal so hoch wie die Anzahl der Mädchen.

D Die Anzahl der Jungen ist fünfmal so hoch wie die Anzahl der Mädchen.

Aufgabe P 3

Der Flächeninhalt A einer Raute (Rhombus) wird mit den Längen der Diagonalen e und f so berechnet:

$A = \dfrac{1}{2} \cdot e \cdot f$

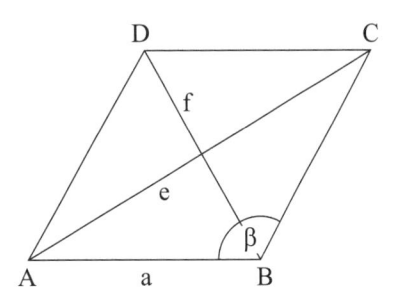

a Berechne den Flächeninhalt der Raute für e = 5,4 cm und f = 4,7 cm.

b Stelle die Formel für den Flächeninhalt der Raute nach f um.

c Stelle dir vor, die Diagonale e ist doppelt so lang wie die Diagonale f.
Zeige durch Termumformung:
Für den Flächeninhalt der Raute gilt dann die Formel $A = f^2$.

d Konstruiere eine Raute ABCD aus den Stücken a = 4,7 cm und β = 110°.
Beschrifte die Ecken.

Aufgabe P 4

Ein Bauer bindet seine Ziegen Anni und Harry auf einer Weide jeweils mit einem Strick an einen Pflock. Die beiden Pflöcke sind 8 m voneinander entfernt.
Die Ziegen sind so angebunden, dass Anni bis zu 2 m von ihrem Pflock entfernt und Harry 1,8 m von seinem Pflock entfernt das Gras abfressen können.

a Berechne den geringsten Abstand zwischen den beiden Weideflächen, die von den Ziegen abgefressen werden können. [2 Pkte.]

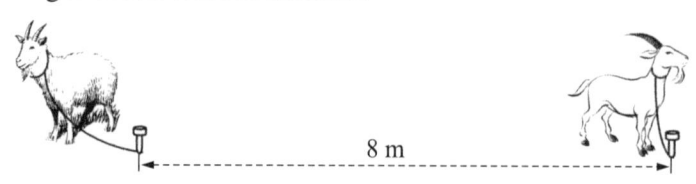

b Berechne die Größe der Weidefläche, die Anni abfressen kann. [2 Pkte.]
Runde auf Quadratmeter.

c Harry hat seine rund 10 m² große Weidefläche schnell abgefressen. [4 Pkte.]
Daher verlängert der Bauer den Strick am selben Pflock auf die doppelte Länge.
Der Bauer behauptet: „Harry kann auf der neu hinzugekommenen Fläche etwa dreimal so viel Gras fressen wie vorher."
Hat der Bauer recht?
Begründe deine Antwort durch eine Rechnung.

Aufgabe P 5

a Claudia kauft für ein Treffen mit Freundinnen ein. [2 Pkte.]
Für vier Tüten Chips und sechs Flaschen Saft zahlt sie 10,50 €.
Da sich kurzfristig noch weitere Freundinnen ankündigen, kauft sie noch drei weitere Tüten Chips sowie vier Flaschen Saft zum Gesamtpreis von 7,43 €.

In den Gleichungen ist **x** der Preis einer Tüte Chips und **y** der Preis einer Flasche Saft.
Welches Gleichungssystem beschreibt diese Einkäufe?
Schreibe den passenden Buchstaben auf dein Reinschriftpapier.

$$A \begin{vmatrix} 4x + 6y + 10{,}50 = 0 \\ 3x + 4y + 7{,}43 = 0 \end{vmatrix} \qquad C \begin{vmatrix} 4y + 6x = 10{,}50 \\ 3y + 4x = 7{,}43 \end{vmatrix}$$

$$B \begin{vmatrix} 4x + 6y = 10{,}50 \\ 3x + 4y = 7{,}43 \end{vmatrix} \qquad D \begin{vmatrix} 10{,}50 = 4y + 6x \\ 7{,}43 = 3x + 4y \end{vmatrix}$$

b Löse das folgende Gleichungssystem rechnerisch. $\begin{vmatrix} 14x + y = 10 \\ 11{,}5x + y = 8{,}75 \end{vmatrix}$ [4 Pkte.]

c Das nebenstehende Gleichungssystem hat unendlich viele Lösungen. Eine der Lösungen ist (1|5).

$$\begin{vmatrix} y = 2x + 3 \\ 3y = 6x + 9 \end{vmatrix}$$

   1 Zwei weitere Lösungen sind (2,5|y) und (x|−10). Berechne x und y.

   2 Begründe, warum dieses Gleichungssystem unendlich viele Lösungen hat.

Aufgabe P 6

Herr Müller hat beim Lotto *Sechs Richtige ohne Superzahl* erzielt. „Juhu, ich bin jetzt Millionär!" Er hat sich aber zu früh gefreut, denn er muss den Gewinn mit 13 anderen Mitspielern teilen. Der Gewinn jedes Teilnehmers beträgt deshalb nur 213 045 €.

a Berechne, wie hoch sein Gewinn gewesen wäre, wenn er als Einziger gewonnen hätte.

b Von seinem Gewinn (213 045 €) möchte Herr Müller 5 000 € spenden. Berechne, wie viel Prozent er von seinem Gewinn spenden möchte. Runde auf zehntel Prozent.

c Herr Müller möchte 150 000 € für zwei Jahre bei einer Bank anlegen. Eine Bank macht ihm folgendes Angebot:

> **Der beste Geldparkplatz – Maxi Zinsen für Ihr Geld**
>
> Laufzeit: 24 Monate
>
> Zinssatz: im 1. Jahr 2,5 %   im 2. Jahr 3,2 %
>
> Die Zinsen werden dem Kapital hinzugefügt und im nächsten Jahr mitverzinst.

Berechne, wie hoch das Guthaben bei diesem Angebot nach zwei Jahren ist. Schreibe einen Antwortsatz.

d Herr Müller legt für seine Tochter Julia Geld aus dem Lottogewinn an. Julia hat berechnet, dass sie für das Geld nach vier Monaten bei einem Zinssatz von 2,5 % bereits 67,50 € Zinsen erhält. Berechne, wie viel Geld Herr Müller für Julia angelegt hat.

Aufgabe P 7

Eine Parabel hat die Funktionsgleichung $y = 4(x-3)^2 + 0{,}5$.

a Gib die Koordinaten des Scheitelpunktes dieser Parabel an.

b Liegt der Punkt P(1,5|10) auf der Parabel? Begründe deine Antwort durch eine Rechnung.

c Berechne die Koordinaten des Schnittpunktes der Parabel mit der y-Achse.
Gib die Koordinaten des Schnittpunktes in der Form A(x|y) an. `2 Pkte.`

d Anna sagt: „Der Funktionsgleichung sehe ich sofort an, dass die Parabel keine Schnittpunkte mit der x-Achse hat." Begründe, warum Anna recht hat. `2 Pkte.`

e Schreibe die Funktionsgleichung in der Form $y = ax^2 + bx + c$. `3 Pkte.`

Aufgabe P 8

Die Firma „Sparkling Fire" bietet Wunderkerzen verschiedener Größe und Brenndauer an.

Griff   mit Brennstoff beschichteter Teil

Zeichnung nicht maßstabsgerecht

a Die am häufigsten verkaufte Wunderkerze ist insgesamt 18 cm lang. Zwei Drittel sind mit einem Brennstoff beschichtet. Berechne die Länge des Griffes in Zentimetern. `2 Pkte.`

b Eine Mega-Wunderkerze ist insgesamt 1 m lang, ihr Griff 25 cm.
Das gleichmäßige Abbrennen von 1 cm Beschichtungslänge dauert vier Sekunden.
Berechne die **Restlänge** der Beschichtung nach 4,5 Minuten. `4 Pkte.`

c Der mit Brennstoff beschichtete Teil einer anderen Wunderkerze ist 30 cm lang und hat eine Brenndauer von 2 Minuten. Pro Sekunde brennt immer gleich viel von der Beschichtung ab.

   1 Berechne, nach wie vielen Sekunden 10 cm abgebrannt sind. `1 Pkt.`

   2 Mit welcher Gleichung kann die Restlänge der Beschichtung beim gleichmäßigen Abbrennen richtig berechnet werden? `1 Pkt.`

   In den Gleichungen steht ℓ für die **Restlänge in Zentimetern**
   und t für die **Brenndauer in Sekunden**.
   Notiere den Buchstaben der richtigen Gleichung auf dein Reinschriftpapier.

   A $\ell = -120t + 30$ **C** $\ell = -2t + 30$

   B $\ell = -\dfrac{30}{120}t + 30$ **D** $\ell = -\dfrac{120}{30}t + 30$

d Timo möchte Wunderkerzen basteln. `1 Pkt.`
Im Internet findet er folgende Angaben für 20 g Brennstoff:

Stoff	Bariumnitrat	Aluminium	Eisen	Sonstiges
Masse in g	11	1	5	3

Welches Kreisdiagramm stellt die Zusammensetzung des Brennstoffes richtig dar?
Schreibe den Buchstaben des richtigen Kreisdiagramms auf dein Reinschriftpapier.

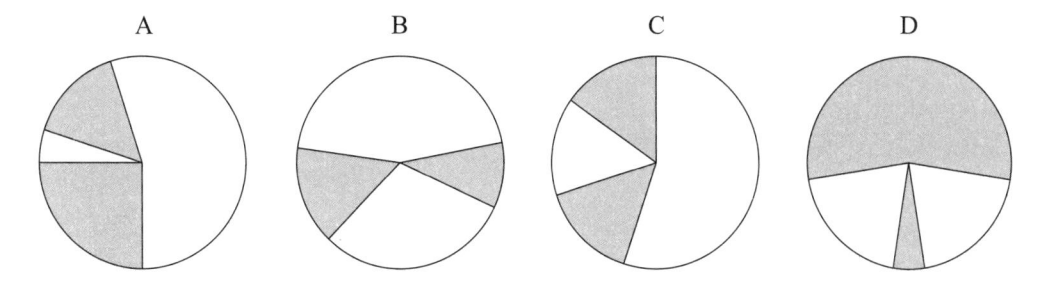

A   B   C   D

Aufgabe P 9

Bis zum Ende des 19. Jahrhunderts lebten einige Indianerstämme in Zelten, den Tipis. Für ein Fest möchte ein Verein nun ein Tipi selbst nachbauen. Obwohl das Tipi eine Pyramide ist, verwendet der Verein zur Berechnung die Formel eines Kegels.

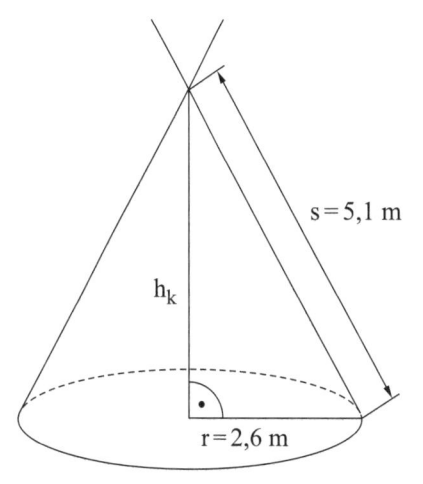

$s = 5{,}1$ m
h_k
$r = 2{,}6$ m

Zeichnung nicht maßstabsgerecht

a   Der Verein verwendet für den Bau eines kegelförmigen Tipis Holzstangen, die am Boden kreisförmig aufgestellt und in einer Höhe h_k zusammengebunden werden.

    1   Berechne die Höhe h_k des Tipis. Runde auf Zentimeter.   [4 Pkte.]

    2   Die Holzstangen werden so mit einer Plane bedeckt, dass 5,1 m, das sind $\frac{3}{4}$ ihrer Gesamtlänge, abgedeckt sind.   [2 Pkte.]
Berechne die Gesamtlänge einer Holzstange.

b   Der Verein erhält für ein Tipi eine Plane geschenkt, die als Zeltdach (Mantel des Kegels) dient.

    1   Berechne die Größe dieser Plane. Runde auf Quadratmeter.   [2 Pkte.]

    2   Die Plane wird flach auf den Boden gelegt.   [2 Pkte.]
Fertige eine Freihandskizze an, die die Form der Plane zeigt.
Welches Maß aus der Abbildung lässt sich in die Skizze übertragen?
Trage richtig ein.

Abschlussprüfung Mathematik Realschulen Hessen
Haupttermin 2010 – Wahlaufgaben

Aufgabe W 1

a Ein Hubschrauber steigt vom Startplatz S aus zunächst 10 m senkrecht bis zum Punkt A. Von dort fliegt der Hubschrauber weiter bis zum Punkt E (siehe Zeichnung).

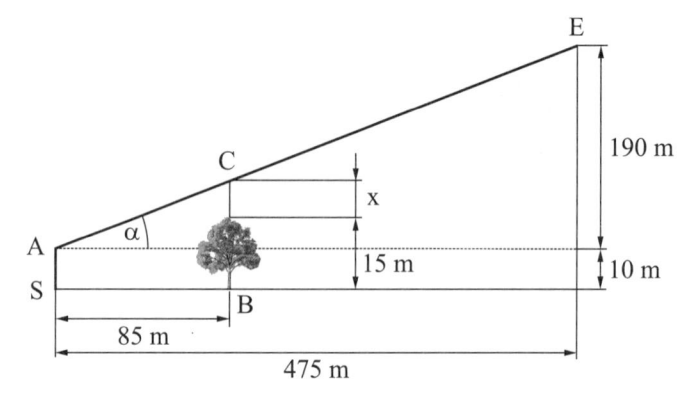

1. Berechne den Steigungswinkel α. Runde auf Grad. [2 Pkte.]
2. Unter der Flugstrecke $\overline{AE}$ des Hubschraubers befindet sich in B ein Baum. Berechne den Abstand x des Hubschraubers zum Baum, wenn er diesen im Punkt C überfliegt. [5 Pkte.]

b Ein Hubschrauber fliegt von Wiesbaden (W) über Frankfurt am Main (F) nach Bonn (B).

1. Miss in der Karte die Strecke $\overline{WF}$. Berechne diese Länge in der Wirklichkeit. Runde auf ganze Kilometer. [4 Pkte.]

   Maßstab 1 : 340 000

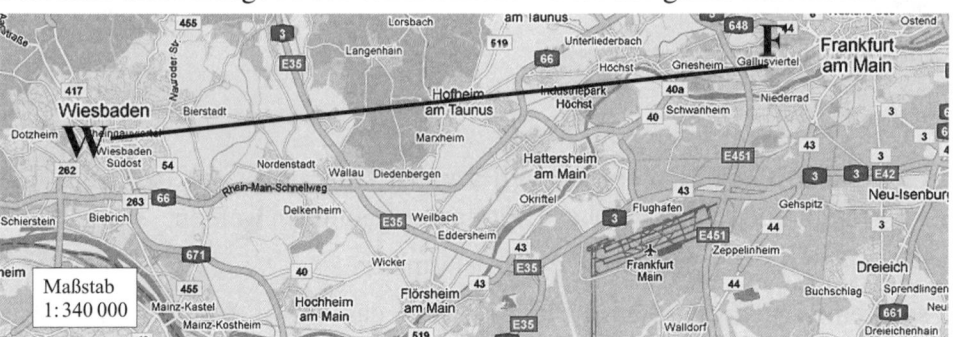

   © 2010 Google-Grafiken © 2010 TerraMetrics, Kartendaten © 2010 Tele Atlas

2. Berechne anhand der Skizze die Länge der Strecke $\overline{FB}$ mit den Angaben in der Zeichnung. Runde auf ganze Kilometer. [4 Pkte.]

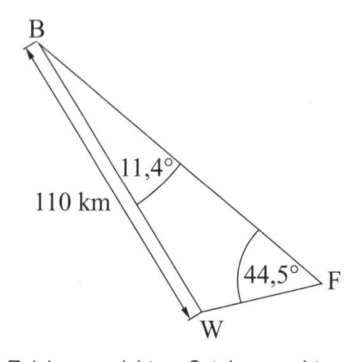

   Zeichnung nicht maßstabsgerecht

Aufgabe W 2

a Zur Darstellung besonders großer bzw. besonders kleiner Größen hat sich in den Naturwissenschaften die „wissenschaftliche Schreibweise" bewährt.
Bei dieser Schreibweise werden die Zahlen als Produkt einer Zehnerpotenz und einer Dezimalzahl mit genau einer Ziffer (ungleich Null) vor dem Komma geschrieben.

   1 Die Entfernung des Jupiters von der Sonne beträgt $7{,}786 \cdot 10^{11}$ m.
     Wie heißt die Zahl in Worten?
     Schreibe den Buchstaben der richtigen Bezeichnung auf dein Reinschriftpapier.

     A 77 Milliarden 860 Millionen   **C** 7 Milliarden 786 Millionen

     B 778 Milliarden 600 Millionen   **D** 77 860 Milliarden

   2 Die Wellenlänge des blauen Lichtes beträgt 0,000 000 48 m.
     Schreibe in wissenschaftlicher Schreibweise die Wellenlänge in Metern auf.

   3 Das Wasserstoffatom hat einen Atomradius von 37 pm (Pikometer: $1\,\text{pm} = 10^{-12}$ m).
     Gib diesen Atomradius in Zentimetern an.
     Verwende die wissenschaftliche Schreibweise.

b Wende die Potenzgesetze an.

   1 Schreibe die Zahl 8^4 als Potenz mit der Basis 2.

   2 Ergänze in der folgenden Gleichung den fehlenden Term.
     Schreibe die Gleichung auf dein Reinschriftpapier.

     $8a^3 \cdot \underline{} = 4a^9$

   3 Welcher der folgenden Terme ist gleichwertig (äquivalent) zu dem Term
     $a^3 \cdot a^2 + a^2$?
     Schreibe den Buchstaben des richtigen Terms auf dein Reinschriftpapier.

     A $a^3 + 2a^2$ **C** $a^5 + a^2$

     B a^7 **D** $a^6 + a^2$

c Vereinfache die folgenden Terme unter Anwendung der Potenzgesetze so weit wie möglich.

   1 $(b^2)^3 \cdot b^5 + b^{-2} \cdot b^{13}$

   2 $\left(\dfrac{x}{y}\right)^7 \cdot y^8$

Aufgabe W 3

Bestimmte Folien werden aufgrund ihrer Eigenschaften als Isoliermaterial (z. B. für Thermodecken) verwendet. Eine Folie wird mehrfach gefaltet. Nach einmaligem Falten liegen zwei Schichten aufeinander, nach zweimaligem Falten liegen vier Schichten aufeinander. Nach jeder weiteren Faltung liegen doppelt so viele Schichten wie vorher aufeinander, die zusammen eine Matte bilden.

Die Zeichnung zeigt eine Matte aus acht Schichten, die nach dreimaligem Falten einer Folie entsteht.

a Wie viele Schichten liegen nach fünfmaligem Falten übereinander? [1 Pkt.]

b Schreibe einen Term auf, mit dem man nach n-maligem Falten die Anzahl der Schichten berechnen kann. [1 Pkt.]

c Eine Folie wird dreimal gefaltet.
Die zusammengepressten Schichten ergeben eine 0,12 mm dicke Matte.
Zwischen den Schichten sind keine Zwischenräume mit Luft.
  1 Berechne die Dicke der Folie. [2 Pkte.]
  2 Berechne die Dicke der Matte nach zehnmaligem Falten. [3 Pkte.]
  Runde auf Millimeter.
  3 Franz macht ein Gedankenexperiment. [4 Pkte.]
  „Wenn ich diese Folie 45-mal falten könnte, dann wäre die Dicke der Matte größer als die Entfernung von der Erde zum Mond."
  (Die Entfernung der Erde zum Mond beträgt ca. 384 000 km.)
  Zeige durch eine Rechnung, dass Franz recht hat.

d Eine 80 m² große rechteckige Folie soll verpackt werden. Damit die Folie in einen Karton passt, wird sie mehrfach in der Mitte gefaltet.
Dabei werden jeweils die Ecken übereinander gelegt. Nach jedem Faltvorgang entsteht ein Paket mit einer verkleinerten Grundfläche.
  1 Berechne die Größe der Grundfläche dieser Matte nach siebenmaligem Falten. [2 Pkte.]
  2 Schreibe einen Term auf, mit dem man aus der 80 m² großen Folie bei n-maligem Falten die Grundfläche der Matte berechnen kann. [2 Pkte.]

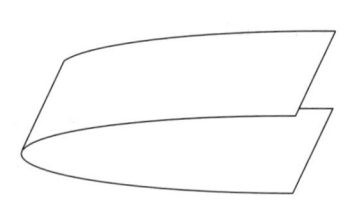

Abschlussprüfung Mathematik 2010 – Wahlaufgaben

Aufgabe W 4

Eine Firma bietet kugelförmige und würfelförmige Magnete an.

a   Das Bild zeigt eine mögliche Anordnung
    von dicht gepackten Kugelmagneten.
    Wie viele Kugelmagnete sind in diesem
    Prisma?

    2 Pkte.

    © Kay Kublenz

b   Tim hat 100 gleich große Würfelmagnete.
    Er will damit einen möglichst großen Würfel bauen, in dem keine Lücken sind.
    Wie viele Würfelmagnete braucht er für diesen Würfel?

    2 Pkte.

c   Eine Zwei-Cent-Münze hat einen Durchmesser
    von 18,75 mm.
    1 cm³ des Magneten wiegt 7,6 g.
    Schätze, wie viel Gramm dieser Kugelmagnet
    wiegt.
    Runde auf Gramm.

    6 Pkte.

d   Ein Kugelmagnet wird in eine zylinderförmige Verpackung gelegt.
    Die Kugel passt exakt in den Zylinder. Es bleibt ein Hohlraum mit dem Volumen V_H.
    Die Höhe und der Durchmesser des Zylinders sind gleich.

    Für das Volumen des Hohlraumes gilt dann die Formel: $V_H = \frac{2}{3} \cdot \pi \cdot r^3$

    1   Zeige mithilfe der Formeln für Kugel und Zylinder, dass die Formel für V_H richtig ist.

        4 Pkte.

    2   Welche Gleichung stellt das Verhältnis zwischen dem Volumen des Hohlraumes (V_H)
        und dem Volumen der Kugel (V_K) richtig dar?
        Schreibe den Buchstaben der richtigen Gleichung auf dein Reinschriftpapier.

        1 Pkt.

        A $V_H = \frac{1}{3} \cdot V_K$

        B $V_H = \frac{1}{2} \cdot V_K$

        C $V_H = \frac{2}{3} \cdot V_K$

        D $V_H = \frac{4}{3} \cdot V_K$

Aufgabe W 5

In der Cafeteria einer Schule steht ein Getränkeautomat.

a   Anna (A), Britt (B), Carlos (C) und Dario (D) stehen in einer Reihe am Getränkeautomaten.

   1 In welcher Reihenfolge können die vier Personen hintereinander stehen, wenn Dario immer der Erste in der Reihe ist?   `2 Pkte.`
Schreibe alle Möglichkeiten auf, bei denen Dario **immer an erster Stelle** vor dem Automaten steht.

   2 Wie viele Möglichkeiten gibt es, wenn die Reihenfolge für alle vier beliebig ist?   `1 Pkt.`

b   Leider funktioniert der Getränkeautomat nicht immer einwandfrei.
Die Schülerinnen und Schüler der Klasse 10 ärgern sich darüber so sehr, dass sie an einer Wandzeitung im Klassenraum ankreuzen, was nach jedem Tastendruck passiert.

Jutta und Murat werten die Ergebnisse der Wandzeitung aus. Dazu zeichnen sie ein Baumdiagramm und tragen die relativen Häufigkeiten für einige Ereignisse an den entsprechenden Pfaden ein.

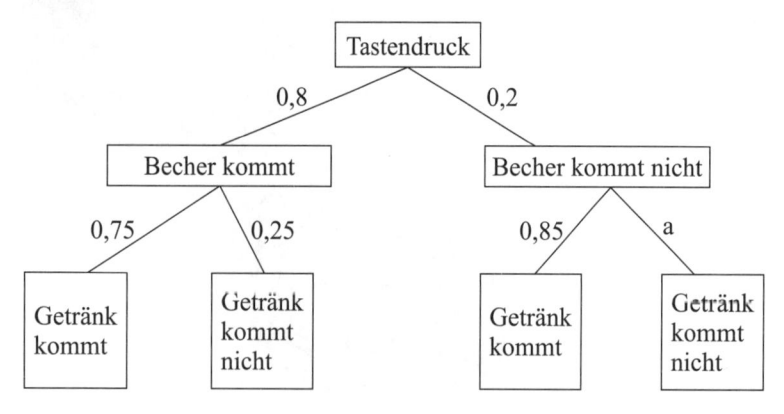

```
                    Tastendruck
                 0,8/        \0,2
           Becher kommt    Becher kommt nicht
         0,75/    \0,25    0,85/    \a
       Getränk  Getränk  Getränk  Getränk
       kommt    kommt    kommt    kommt
                nicht             nicht
```

   1 In wie viel Prozent aller Fälle kommt kein Becher?   `1 Pkt.`
   2 Welches Ereignis beschreibt der Pfad mit den relativen Häufigkeiten 0,2 und 0,85?   `2 Pkte.`
   3 Berechne die relative Häufigkeit dafür, dass der Automat korrekt funktioniert.   `2 Pkte.`
   4 Berechne die relative Häufigkeit für das Ereignis: „Ein Getränk kommt."   `3 Pkte.`
   5 Murat behauptet, dass in 3 % aller Fälle weder ein Becher noch ein Getränk aus dem Automaten kommt. Hat Murat recht?   `4 Pkte.`
Begründe deine Antwort mit einer Rechnung.

Abschlussprüfung Mathematik Realschulen Hessen
Haupttermin 2011 – Pflichtaufgaben

Aufgabe P 1

a Wandle in Meter um: 0,02 km

b Berechne und schreibe das Ergebnis in Gramm: $\frac{1}{2}$ kg + 75 g

c Schreibe die Größen auf dein Reinschriftpapier und setze das richtige Zeichen „<", „>" oder „=" dazwischen.

$\frac{1}{4}$ ℓ   300 mℓ

Aufgabe P 2

a Bestimme jeweils die Lösung der Gleichung.
  1 $4(x + 3) = 0$
  2 $\frac{1}{9} = \frac{4}{x}$

b Löse die Gleichung. $9 + 5x - 3 = 2x - 5 + x$

Aufgabe P 3

Im abgebildeten Koordinatensystem ist der Graph einer linearen Funktion $y = mx + b$ dargestellt.

a Gib die Steigung **m** des Graphen an.

b Gib die Koordinaten des Schnittpunktes des Graphen mit der y-Achse an.

c Gib die Nullstelle x_0 der Funktion an.

d Der Graph bildet mit den Achsen des Koordinatensystems ein Dreieck.
Berechne den Flächeninhalt des Dreiecks.

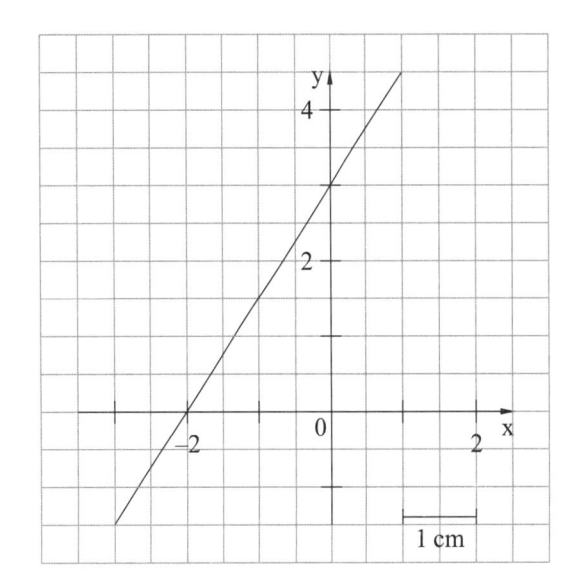

Aufgabe P 4

a Die 10. Klassen einer Schule lernten im Unterricht den Geiger Gary David kennen.

  1 Von den 25 Schülerinnen und Schülern der Klasse 10a haben sich 24 % klassische Musik aus dem Internet heruntergeladen.
  Berechne, wie viele Schülerinnen und Schüler das sind.

  2 In der Klasse 10b haben 15 % der Schülerinnen und Schüler Musik von Gary David heruntergeladen. In der 10c waren es sogar 30 % aller Schülerinnen und Schüler.
  Maik behauptet: „In der Klasse 10c haben sich genau doppelt so viele Schülerinnen und Schüler Musik von Gary David heruntergeladen wie in der Klasse 10b."
  Erläutere, welche Voraussetzung erfüllt sein muss, damit diese Aussage stimmt.

b Im Jahr 2009 haben 2 Millionen Jugendliche Musik aus dem Internet heruntergeladen. Davon haben 96 000 Jugendliche klassische Musik ausgewählt.
Berechne, wie viel Prozent das sind.

Aufgabe P 5

a Bei einem Rechteck mit den Seitenlängen a und b beträgt der Umfang 40 cm.
Die Seite a ist 5 cm länger als die Seite b.
Wähle zu jeder der beiden Aussagen aus den folgenden acht Gleichungen (ohne Einheiten) die passende aus.
Schreibe die **beiden** Gleichungen auf dein Reinschriftpapier.

$a + b = 40$	$2a + 2b = 40$	$2(a + b) = 20$	$a + b = 5$
$b - a = 5$	$a + 5 = b$	$a \cdot b = 40$	$a - 5 = b$

b Löse das folgende Gleichungssystem rechnerisch.
$$\begin{vmatrix} 5x + 2y = 20 \\ 3x - y = 1 \end{vmatrix}$$

Aufgabe P 6

a Eine Parabel hat die Funktionsgleichung $y = x^2 + 2x - 15$.

  1 Liegt der Punkt A(0|13) auf dieser Parabel? Begründe deine Antwort.

  2 Berechne die Nullstellen dieser Funktion.

b Eine Parabel ist nach oben (in y-Achsenrichtung) offen und hat den Scheitelpunkt S(3|−4).
Maria behauptet: „Ich weiß **ohne Rechnung**, dass diese Parabel zwei Schnittpunkte mit der x-Achse hat." Beschreibe, woran Maria dieses erkennen kann.

Aufgabe P 7

a Konstruiere ein Dreieck ABC mit den Maßen a=6 cm, c=4 cm und α=40°. [3 Pkte.]
Beschrifte die Eckpunkte.

b Bestimme in der untenstehenden Figur die Größen der Winkel γ und β. [2 Pkte.]

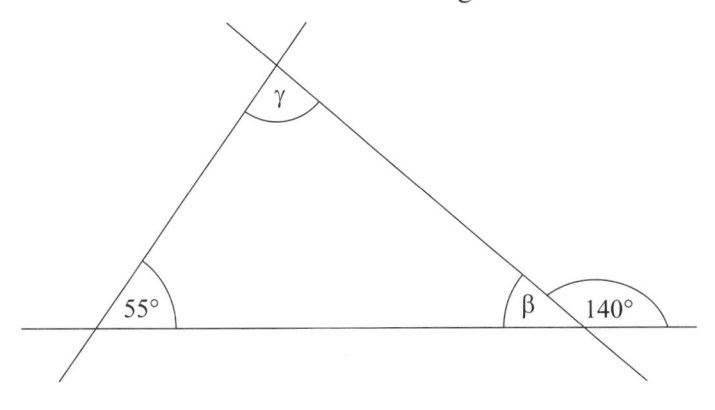

Zeichnung nicht maßstabsgerecht

c Ein gleichschenkliges Dreieck ABC (a=b) hat einen Flächeninhalt von 22,8 cm² und die Basis c=8 cm. [5 Pkte.]
Berechne die Länge der Seite a. Runde auf Zentimeter.
(Tipp: Fertige zunächst eine Freihandskizze an.)

Aufgabe P 8

[7 Pkte.]

Eine kreisförmige Tischplatte besteht aus Holz. Sie ist 2,5 cm dick und hat einen Durchmesser von 0,8 m.
1 cm³ des Holzes wiegt 0,75 g.
Diese Tischplatte wird als Paket der Firma THL verschickt.
Die Verpackung wiegt 900 g.

Preisliste der Firma THL für den Versand:

Paketklasse	1	2	3	4	5
	bis 2 kg	über 2 kg bis 10 kg	über 10 kg bis 20 kg	über 20 kg bis 30 kg	über 30 kg bis 100 kg
Preis	3,90 €	5,90 €	10,90 €	12,90 €	45,00 €

Welcher Preis muss für den Versand dieser Tischplatte bezahlt werden?
Begründe deine Antwort durch eine Rechnung. Formuliere einen Antwortsatz.

Abschlussprüfung Mathematik Realschulen Hessen
Haupttermin 2011 – Wahlaufgaben

Punkte

Aufgabe W 1

a Die Abbildung zeigt den Querschnitt einer Mauer an einem Hang.

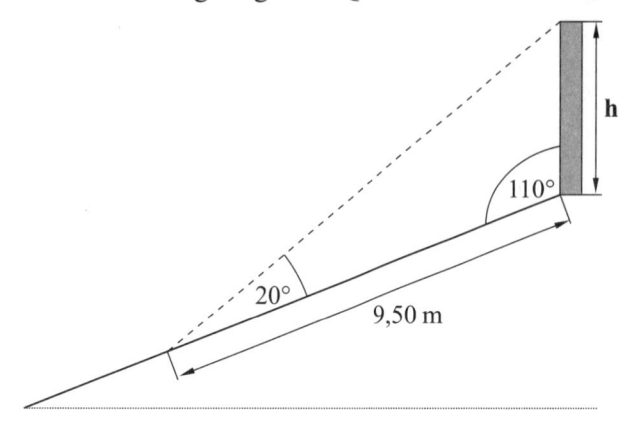

Zeichnung nicht maßstabsgerecht

1 Berechne die Höhe h der Mauer. Runde auf Zentimeter.   4 Pkte.
2 Der Querschnitt soll im Maßstab 1:250 in einer Bauzeichnung dargestellt werden.   2 Pkte.
    Berechne, welche Länge die Strecke von 9,50 m in der Bauzeichnung hat.
    Gib das Ergebnis in der Einheit Zentimeter an.

b Berechne in der Abbildung die Länge x.   6 Pkte.
   Zwischenergebnisse darfst du, falls notwendig, auf Zentimeter beziehungsweise auf zehntel Grad runden.

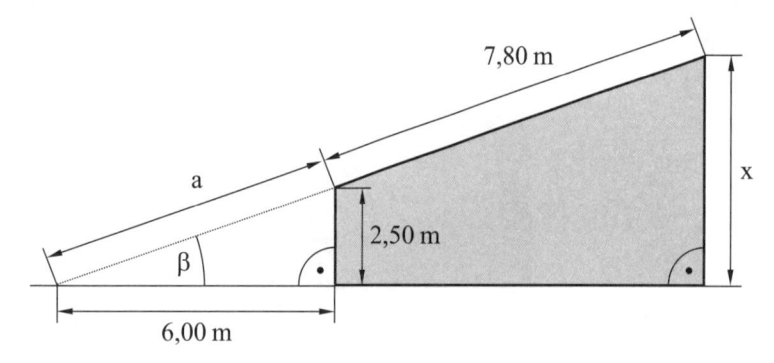

Zeichnung nicht maßstabsgerecht

Aufgabe W 2

a In den Klassen 10a, 10b und 10c wurde eine Umfrage zur Lieblingsdisziplin der Leichtathletik durchgeführt. Es durfte jeweils nur eine Disziplin ausgewählt werden.

1 Die Ergebnisse für die Klasse 10a sind im folgenden Streifendiagramm dargestellt: [2 Pkte.]

| 100-Meter-Lauf | Hochsprung | Weitsprung |

In der Klasse 10a wurden 24 Schülerinnen und Schüler befragt.
Bestimme, wie viele die Disziplin „Hochsprung" auswählten.
Entnimm dazu entsprechende Angaben dem Streifendiagramm.

2 Die Ergebnisse für die Klasse 10b stehen in folgender Tabelle: [2 Pkte.]

Disziplin	100-Meter-Lauf	Hochsprung	Weitsprung
Anzahl	9	6	15

Zeichne die Ergebnisse der Umfrage für die Klasse 10b in ein Streifendiagramm.
Wähle dafür ein Rechteck mit der Länge von 15 cm und der Breite von 1 cm.

b Ramzi und Philipp sind begeisterte Fahrradfahrer und führen ein Praktikum in einer Zweirad-Werkstatt durch. In mehreren Versuchen testen sie unter gleichen Bedingungen die Bremswege eines Fahrrads, um Reifen zweier verschiedener Hersteller vergleichen zu können.

Ramzis und Phillips Testergebnis:

	Bremsweg in Meter				
Reifen der Firma Taube	4,06	4,56	4,25	4,23	4,15
Reifen der Firma Michel	3,93	3,87	3,98	6,13	3,94

1 Berechne das arithmetische Mittel (Durchschnitt) der Bremswege für die Reifen beider Firmen. [4 Pkte.]

2 Bestimme für die Bremswege beider Firmen den Zentralwert (Median). [2 Pkte.]

3 Ramzi findet den Zentralwert für einen Vergleich der Reifen beider Firmen geeigneter als das arithmetische Mittel. Wie könnte Ramzi seine Meinung begründen? Schreibe eine mögliche Begründung auf. [2 Pkte.]

Aufgabe W 3

Ein Quadrat mit 10 cm langen Seiten wird durch das Eintragen seiner Mittellinien in vier Felder geteilt (1. Teilung). Trägt man in den vier Feldern wieder die Mittellinien ein, so entstehen 16 Felder (2. Teilung). Bei jeder folgenden Teilung wird jedes Feld entsprechend geteilt.

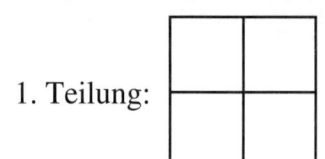

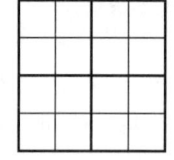

1. Teilung: 2. Teilung:

a Bestimme in der Tabelle die fehlenden Werte a, b, und c.
Schreibe die Werte in der Form a=, b= und c= auf dein Reinschriftpapier.

Anzahl der Teilungen	1	2	3	8	c
Anzahl der Felder	4	16	a	b	1 048 576

3 Pkte.

b Schreibe einen Term auf, mit dem man nach n-maliger Teilung die Anzahl der Felder berechnen kann.

1 Pkt.

c Berechne den Flächeninhalt eines Feldes nach der 2. Teilung.

2 Pkte.

d Nach der 5. Teilung sind alle Felder genau 0,2 cm² groß.
Ist diese Behauptung richtig? Begründe deine Antwort durch eine Rechnung.

3 Pkte.

e Welcher Graph beschreibt die Änderung des Flächeninhaltes **A** in Abhängigkeit von der Anzahl **n** der Teilungen richtig?
Schreibe den Buchstaben des richtigen Graphen auf dein Reinschriftpapier.

1 Pkt.

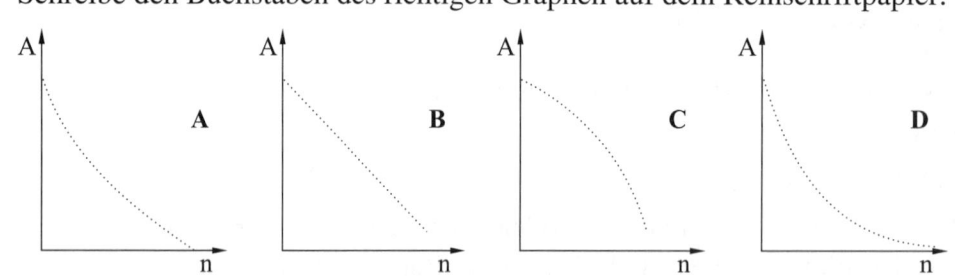

A   B   C   D

f Tim behauptet: „Nach der 20. Teilung ist der Flächeninhalt eines einzelnen Feldes genau 0 cm² groß."
Hat Tim recht? Begründe deine Antwort.

2 Pkte.

Aufgabe W 4

a Für ein Einkaufszentrum in der walisischen Stadt Wrexham malten Erwachsene und Schüler Kunststoffplatten nach einer Vorlage der Künstlerin Katy Webster aus. Das Kunstwerk ergab eine Nachbildung des Bildes der „Mona Lisa" von Leonardo da Vinci.

1 Berechne den Flächeninhalt des hier gezeigten Bildes der „Mona Lisa". [3 Pkte.]
Schätze dazu eine geeignete Größe und berechne mit deinem Schätzwert den Flächeninhalt.
Runde auf Quadratmeter.

2 Eine Gruppe mit 20 Jugendlichen einer 10. Klasse möchte versuchen, mit ausgestreckten Armen eine geschlossene Menschenkette rund um das Kunstwerk zu bilden. [4 Pkte.] 
Gelingt der Gruppe ihr Vorhaben?
Begründe deine Antwort durch eine
Rechnung mit geeigneten Schätzwerten. Formuliere einen Antwortsatz.

b Eine zylinderförmige Farbdose ist 22 cm hoch und hat einen Durchmesser von 10 cm. [5 Pkte.]
Sie ist bis 2 cm unter den Rand mit Farbe gefüllt.
Es werden 10 Liter Farbe benötigt.
Berechne, wie viele dieser Dosen gekauft werden müssen.
Formuliere einen Antwortsatz.

Aufgabe W 5

Eine Fabrik stellt eine große Stückzahl eines Vasenmodells her. Die Vasen werden nach Formfehlern und nach Farbfehlern beurteilt. Diese zwei Merkmale werden in getrennten Prüfungen nacheinander untersucht, bevor jede Vase ihr Qualitätsurteil erhält.

Das abgebildete Baumdiagramm ist unvollständig. Es zeigt die relativen Häufigkeiten für das Auftreten von Fehlern.

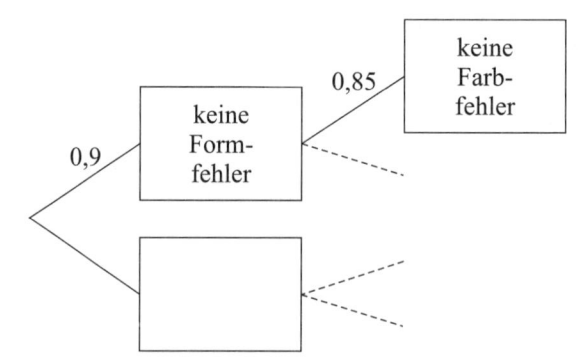

a Eine Vase ist 1. Wahl, wenn sie keine Form- und keine Farbfehler hat. Die Firma behauptet, dass über 80 % aller Vasen zur 1. Wahl gehören. Ist die Behauptung richtig? Begründe durch eine Rechnung. Formuliere einen Antwortsatz. [3 Pkte.]

b Eine Vase gilt als 2. Wahl, wenn genau ein Fehler erkannt wird. Berechne die relative Häufigkeit dafür, dass sie als 2. Wahl eingestuft wird. [3 Pkte.]

c Vasen, die bei beiden Prüfungen Fehler aufweisen, kommen gar nicht erst in den Handel. Die Fabrik stellte im letzten Jahr 8 000 Vasen her. Berechne die Anzahl der fehlerhaften Vasen, die nicht in den Handel kamen. [3 Pkte.]

d Die Firma exportiert 15 % ihrer Vasen nach Asien, 25 % nach Amerika und den Rest verkauft sie innerhalb Europas. Welches Kreisdiagramm stellt den Sachverhalt am besten dar? [1 Pkt.]

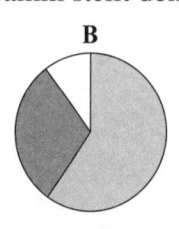

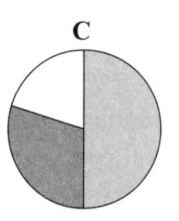

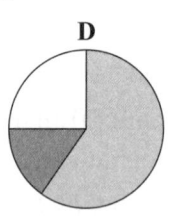

    A   B   C   D

e Das Vasenmodell gibt es in drei verschiedenen Größen mit jeweils fünf verschiedenen Mustern in sechs verschiedenen Farben. Frau Müller möchte nicht die kleinste Vase kaufen. Das Muster ist ihr nicht wichtig, und es kommen nur drei Farben für sie in Frage. Wie viele Möglichkeiten hat sie zur Auswahl? [2 Pkte.]

Abschlussprüfung Mathematik Realschulen Hessen
Haupttermin 2012 – Pflichtaufgaben

Aufgabe P 1

a Wie viel sind 20 % von 160 €?

b Wie viel Prozent des Rechtecks sind gefärbt?

c Welche Zahlen entsprechen 12,5 %?
   Notiere die zwei richtigen Antworten auf dein Reinschriftpapier.

   0,125   1,25   12,5 $\dfrac{1}{125}$ $\dfrac{1}{8}$ $\dfrac{125}{100}$

Aufgabe P 2

Das Volumen eines Kegels wird so berechnet: $V = \dfrac{1}{3} \cdot \pi \cdot r^2 \cdot h_k$

a Berechne das Volumen des Kegels mit r = 4 cm und h_k = 9,5 cm.
   Runde auf Kubikzentimeter.

b Stelle diese Formel nach r um.

Aufgabe P 3

Im abgebildeten Koordinatensystem ist eine Normalparabel dargestellt.

a 1 Schreibe die Koordinaten des Scheitelpunktes auf.
   2 Ordne dieser Normalparabel die richtige Funktionsgleichung zu.
      Notiere den Buchstaben deiner Antwort auf dein Reinschriftpapier.
      A $y = (x+1)^2 + 4$
      B $y = (x-4)^2 + 1$
      C $y = (x-1)^2 - 4$
      D $y = (x+4)^2 - 1$

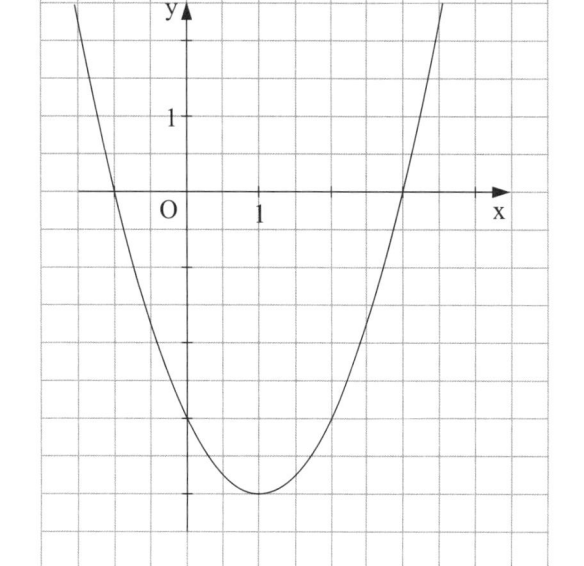

b Lies die beiden Nullstellen ab und schreibe sie auf dein Reinschriftpapier.

c Beschreibe, wie die abgebildete Normalparabel im Koordinatensystem verschoben werden muss, um eine Normalparabel mit der Gleichung $y = x^2 + 2$ zu erhalten.

M 2012-1

Aufgabe P 4

In einem Imbiss wird ein 220 g schwerer Burger verkauft. Der Besitzer gibt den Brennwert des Burgers mit 495 Kilokalorien (kcal) an.

a Ein Apfel hat einen Brennwert von 68 kcal. Berechne, wie viele Äpfel man mindestens kaufen muss, um den Brennwert des Burgers zu erreichen. Formuliere einen Antwortsatz.

2 Pkte.

b Der Burger enthält 25 g Fett. Der Brennwert von 1 g Fett beträgt 9,3 kcal. Berechne, wie viel Prozent des Brennwertes eines Burgers aus Fett stammen. Runde auf ganze Prozent.

3 Pkte.

Aufgabe P 5

Die Fahrten zweier Züge auf einer 250 km langen Fahrstrecke sind im Weg-Zeit-Diagramm dargestellt.

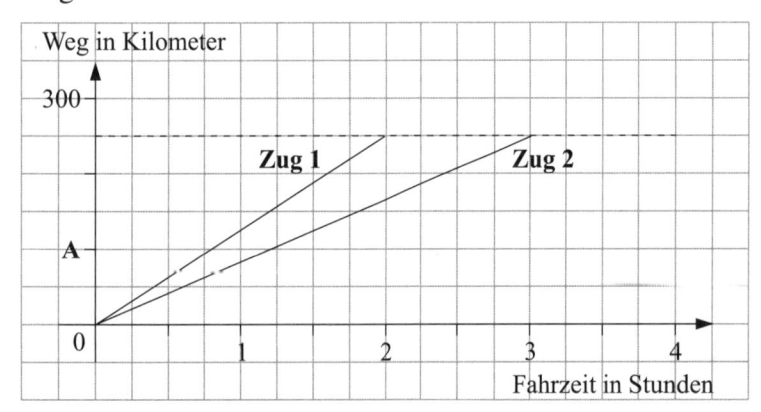

a An der Hochachse steht der Buchstabe A. Für welche Zahl steht A? Notiere die Zahl auf dein Reinschriftpapier.

1 Pkt.

b Welcher der Züge hat eine größere durchschnittliche Geschwindigkeit? Begründe deine Antwort ohne zu rechnen.

2 Pkte.

c Bestimme die durchschnittliche Geschwindigkeit des Zuges 1.

2 Pkte.

d Ein weiterer Zug fährt dieselbe Strecke ohne Halt mit einer durchschnittlichen Geschwindigkeit von $120 \frac{km}{h}$. Er erreicht sein Ziel um 11:00 Uhr. Berechne, wann dieser Zug losgefahren ist.

3 Pkte.

Aufgabe P 6

a Die Abbildung zeigt ein Hinweisschild.

35 cm, 113 cm, 27 cm, 17,5 cm

Zeichnung nicht maßstabsgerecht

1. Berechne den Flächeninhalt des Schildes. [3 Pkte.]
2. Berechne den Umfang des Schildes. Runde auf Zentimeter. [4 Pkte.]

b Die Abbildung zeigt einen Wegweiser in Form einer Raute (Rhombus). [4 Pkte.]
Der spitze Winkel beträgt 60°, jede Seite ist 20 cm lang.
Konstruiere die Raute im Maßstab 1:5.

http://farm3.static.flickr.com/2647/3966154866_5962898aef.jpg 01.03.12
© Christoph Hurni

Aufgabe P 7

a Löse das nebenstehende Gleichungssystem. $\begin{vmatrix} 8x + 5y = 4 \\ 2x - y = 10 \end{vmatrix}$ [4 Pkte.]

b Schreibe zum Zahlenrätsel ein passendes Gleichungssystem auf dein Reinschriftpapier. Du brauchst das Gleichungssystem nicht zu lösen.   [2 Pkte.]

Zahlenrätsel:
Addiert man zum Dreifachen einer Zahl eine zweite Zahl, so erhält man 13.
Subtrahiert man von der ersten Zahl das Doppelte der zweiten Zahl, so erhält man 23.

c Gleichungssysteme können eine Lösung, keine Lösung oder unendlich viele Lösungen haben.   [2 Pkte.]
Das folgende Gleichungssystem soll **keine** Lösung haben.
Schreibe für die Variablen a und b geeignete Zahlen in der Form a= und b= auf dein Reinschriftpapier.

$$\begin{vmatrix} y = 5x + 4 \\ y = ax + b \end{vmatrix}$$

Aufgabe P 8

Ein Goldbarren in Form eines Prismas mit trapezförmiger Grundfläche soll in Münzen umgeschmolzen werden. Die Münzen sind alle gleich groß.

1 cm³ Gold wiegt 19,3 g.

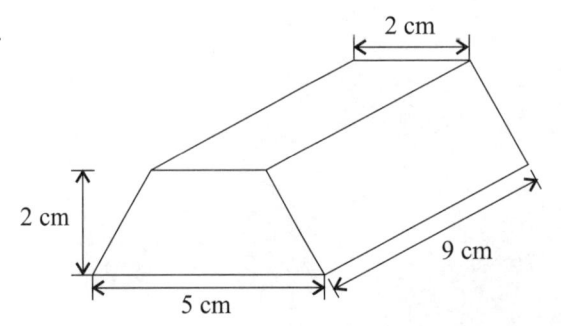

Zeichnung nicht maßstabsgerecht

a Berechne, wie viele Münzen aus reinem Gold mit einer Masse von 7,5 g aus diesem Barren hergestellt werden können. Formuliere einen Antwortsatz.   [6 Pkte.]

b Stelle dir vor: Alle Längenmaße dieses Goldbarrens werden verdoppelt. Wie viel Mal so viele Münzen könnten jetzt daraus hergestellt werden? Wähle aus und begründe deine Antwort.   [2 Pkte.]

2-mal so viele	4-mal so viele	6-mal so viele	8-mal so viele	16-mal so viele

Abschlussprüfung Mathematik Realschulen Hessen
Haupttermin 2012 – Wahlaufgaben

Aufgabe W 1

a Eine Wanderkarte hat einen Maßstab von 1:25 000.
Berechne, wie lang auf dieser Karte eine Strecke von 7 km ist.
Gib das Ergebnis in der Einheit Zentimeter an.

2 Pkte.

b Familie Müller plant eine Wanderung. Dazu hat Frau Müller eine Skizze mit vier Standorten erstellt.

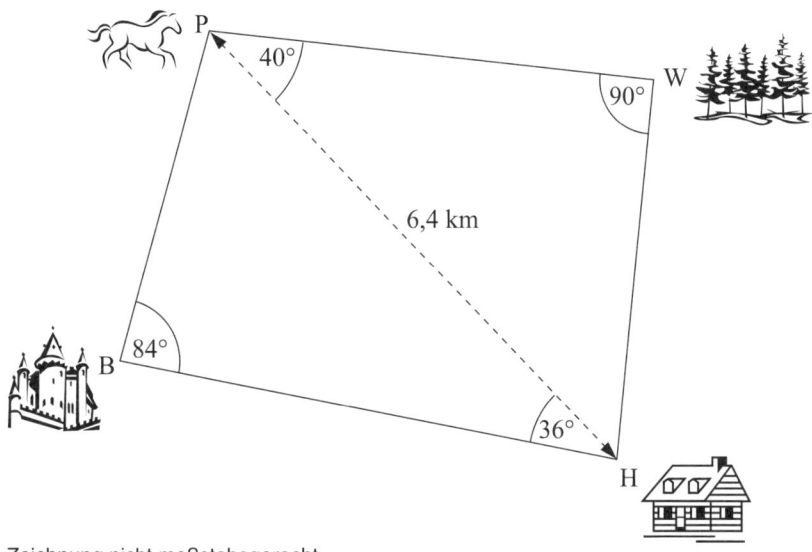

Zeichnung nicht maßstabsgerecht

1 Familie Müller braucht für einen Kilometer durchschnittlich 20 Minuten.
Berechne die Zeit, die sie für die Strecke von der Hütte H zum Waldrand W ohne Pause benötigt.
Gib das Ergebnis in Stunden und Minuten an. Runde auf Minuten.

4 Pkte.

2 Berechne die Länge des Weges von der Hütte H zur Burg B.
Runde auf Meter.

4 Pkte.

c Mit welcher Formel kann man den Winkel β berechnen?
Schreibe den passenden Buchstaben auf dein Reinschriftpapier.

2 Pkte.

A $\tan\beta = \dfrac{a}{c}$

B $\tan\beta = \dfrac{c}{a}$

C $\tan\beta = \dfrac{b}{c}$

D $\tan\beta = \dfrac{c}{b}$

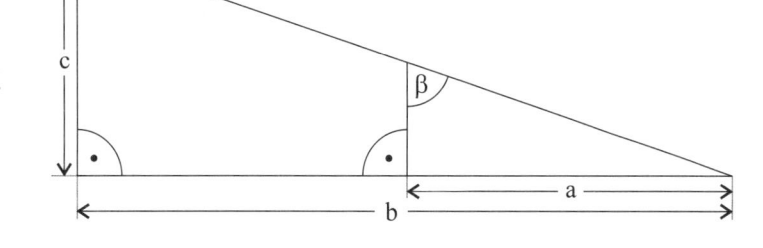

Aufgabe W 2

a Ordne jedem der vier Terme einen gleichwertigen Term aus der Tabelle zu. Schreibe jeweils beide Terme durch ein Gleichheitszeichen verbunden auf dein Reinschriftpapier.

1. Term: $a^2 \cdot a^3$ 3. Term: $a^{21} : a^7$
2. Term: a^0 4. Term: $a^{2x} \cdot a^{-x} \cdot a^{-x} \cdot a^2$

Wähle aus folgenden Termen aus:

0	1	a	a^2	a^3	a^4	a^5	a^6	a^{14}

b Bestimme die Werte für x und y in diesen beiden Termen.

1 $4 \cdot 2^5 = 2^x$

2 $3^y : 27 = 3$

c Bei der *wissenschaftlichen Schreibweise* werden die Zahlen als Produkt einer Zehnerpotenz und einer Dezimalzahl mit genau einer Ziffer (ungleich Null) vor dem Komma geschrieben.

1 Gib die Zahl in wissenschaftlicher Schreibweise an.

13,5 Mio. =

2 Wandle die Größe in Millimeter um und gib das Ergebnis in wissenschaftlicher Schreibweise an.

2 m : 10^9 =

3 Ein Hundert-Euro-Schein hat eine Dicke von 10^{-4} m.
Berechne, wie viele Hundert-Euro-Scheine man übereinander stapeln muss, um die Höhe des Frankfurter Messeturms (257 m) zu erreichen.
Gib dein Ergebnis in wissenschaftlicher Schreibweise an.

Aufgabe W 3

Ein Blatt Papier mit dem Format DIN A0 ist 1 m² groß.
Wenn man dieses Blatt einmal an der Mittelsenkrechten der längeren Seite faltet und zerschneidet, so entstehen zwei gleich große Blätter im Format DIN A1.
Faltet und schneidet man entsprechend beide DIN-A1-Blätter, so entstehen vier Blätter im Format DIN A2. Nach einem weiteren Falten und Schneiden der DIN-A2-Blätter erhält man Blätter im Format DIN A3. Auf diese Art und Weise erhält man weitere DIN-A-Formate.

DIN-Format	A0	A1	A2	A3	A4
Anzahl der Blätter	1	2	4	x	y

a Bestimme in der Tabelle die Werte für **x** und **y**.
Schreibe die Werte in der Form x = und y = auf dein Reinschriftpapier.

b Ein handelsübliches Blatt Papier im Format DIN A0 hat eine Masse von 80 g.
Berechne die Masse eines DIN-A5-Blattes, das aus dem gleichen Material besteht.

c Nach mehrmaligem Falten und Schneiden des 1 m² großen DIN-A0-Blattes erhält man 256 Blätter.

   1 Welches DIN-A-Format liegt vor?   `1 Pkt.`
     Schreibe das Format auf dein Reinschriftpapier.

   2 Berechne den Flächeninhalt einer Seite des Blattes.   `2 Pkte.`
     Runde auf Quadratzentimeter.

d Für ein rechteckiges Blatt Papier mit der Länge a und der Breite b im DIN-A-Format gilt immer:

$$a = \sqrt{2} \cdot b$$

Bei einem DIN-A3-Blatt ist a = 420 mm lang.

   1 Berechne die Breite b eines DIN-A3-Blattes. Runde auf Millimeter.   `2 Pkte.`

   2 Gib die Länge und die Breite eines DIN-A2-Blattes an.   `2 Pkte.`
     Runde auf Millimeter.

Aufgabe W 4

a Die Abbildung zeigt eine Espresso-Tasse.   `4 Pkte.`
Schätze geeignete Größen dieser Tasse und berechne mit deinen Schätzwerten ihr Volumen.
Runde auf Kubikzentimeter oder auf Milliliter.

b Frau Mai kauft eine 250-g-Packung frisch gemahlenen Kaffee.
1 cm³ Kaffeepulver wiegt 0,28 g.

   1 Frau Mai möchte nach dem Öffnen der Packung den Kaffee in eine Dose mit einem Fassungsvermögen von 1 Liter umfüllen.   `3 Pkte.`
     Passt der gesamte Kaffee in die Dose?
     Begründe deine Antwort durch eine Rechnung.
     Formuliere einen Antwortsatz.

   2 Zum Kaffeekochen verwendet Frau Mai einen Maßlöffel. Dieser hat annähernd die Form einer Halbkugel mit einem Innendurchmesser von 4,4 cm.   `5 Pkte.`
     Sie nimmt pro Tasse einen Maßlöffel bis zum Rand voll mit Kaffeepulver.
     Berechne, wie viele Tassen Kaffee Frau Mai aus der Packung Kaffee erhalten kann.

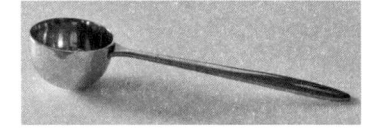

Aufgabe W 5

Auf dem abgebildeten Glücksrad gibt es drei Felder.
Das Feld C ist ein Viertel des Kreises, die beiden anderen Felder sind gleich groß.

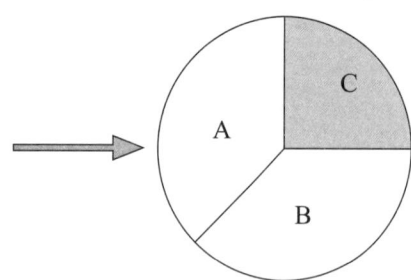

a Nach 2 000-maligem Drehen dieses Glücksrades erschien 521-mal dasselbe Feld. 2 Pkte.
Notiere, um welches Feld (A, B oder C) es sich dabei wahrscheinlich handelte.
Begründe deine Antwort.

b Gib die Wahrscheinlichkeit für das Feld A bei einmaligem Drehen des Glücksrades an. 2 Pkte.

c Linda beobachtet genau die auftretenden Ergebnisse des Glücksrades. 2 Pkte.
In den letzten 10 Runden erschien nie das Feld C.

Wie groß ist jetzt beim nächsten Drehen die Wahrscheinlichkeit für das Feld C?
Notiere den Buchstaben der richtigen Antwort auf dein Reinschriftpapier **und**
begründe deine Entscheidung.

    A   Es erscheint jetzt auf jeden Fall das Feld C.

    B   Die Wahrscheinlichkeit für das Feld C ist jetzt größer als 25 %.

    C   Die Wahrscheinlichkeit für das Feld C ist weiterhin 25 %.

    D   Die Wahrscheinlichkeit für das Feld C ist jetzt kleiner als 25 %.

    E   Es erscheint jetzt auf keinen Fall das Feld C.

d Ein anderes Glücksrad hat ebenfalls drei Felder (weiß, grün und blau).
Die Wahrscheinlichkeiten sind hier folgendermaßen verteilt:
weiß: 0,5   grün: 0,3

    1 Zeichne dieses Glücksrad und beschrifte es. Du darfst den Radius frei wählen. 3 Pkte.

    2 Das Glücksrad wird zweimal gedreht. 3 Pkte.
Berechne die Wahrscheinlichkeit dafür, dass dabei nie das grüne Feld getroffen
wird.

Abschlussprüfung Mathematik Realschulen Hessen
Haupttermin 2013 – Pflichtaufgaben

Aufgabe P 1

a Sabrina kauft 6 Liter Apfelsaft und bezahlt 10,14 €. Berechne den Literpreis. [1 Pkt.]

b Tim kauft 5 Flaschen Orangensaft und bezahle 5,90 €. Jan kauft 7 Flaschen der gleichen Sorte. Berechne, wie viel Jan bezahlen muss. [2 Pkte.]

c Aus einem Kanister Traubensaft können 36 Gläser zu je 0,5 Liter gefüllt werden. Berechne, wie viele Gläser zu je 0,2 Liter man aus diesem Kanister füllen kann. [2 Pkte.]

Aufgabe P 2

a Berechne den Wert des Terms $\frac{a \cdot b}{a - b}$ für $a=5$ und $b=6$. [2 Pkte.]

b In einer Klasse sind x Mädchen und y Jungen.
Zur Gleichung $y = x + 3$ passt eine der folgenden Aussagen.
Schreibe den Buchstaben der richtigen Aussage auf dein Reinschriftpapier. [2 Pkte.]

   A Es gibt drei Mädchen mehr als Jungen.
   B Es gibt drei Jungen mehr als Mädchen.
   C Es gibt dreimal so viele Mädchen wie Jungen.
   D Es gibt drei Jungen weniger als Mädchen.

c Die Gleichung $4 \cdot x^2 = 36$ soll gelöst werden.
Welche der unten stehenden Zahlen sind Lösungen dieser Gleichung?
Notiere alle Lösungen auf deinem Reinschriftpapier. [2 Pkte.]

| –9 | –6 | –3 | 0 | 3 | 6 | 9 |

Aufgabe P 3

Die Zeichnung zeigt das Netz (Abwicklung) eines Würfels mit beschrifteten Flächen.

a Es wird einmal gewürfelt.
Wie hoch ist die Wahrscheinlichkeit ein D zu würfeln? [1 Pkt.]

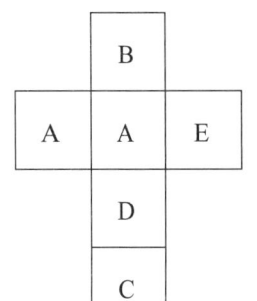

b Welchen Buchstaben würfelt man bei einmaligem Werfen mit einer Wahrscheinlichkeit von $\frac{1}{3}$? [2 Pkte.]

c Philipp würfelt dreimal hintereinander. Berechne die Wahrscheinlichkeit dafür, dass die Buchstaben des Wortes „BAD" in der richtigen Reihenfolge erscheinen. [3 Pkte.]

Aufgabe P 4

a Leah kauft ein T-Shirt und eine Hose. Beim Bezahlen löst sie einen Gutschein von 5 € ein. Die Abbildung zeigt den Kassenzettel.

1 Berechne den Preis der Hose.

2 Berechne, wie viel Prozent vom Gesamtpreis sie durch Einlösen des Gutscheins spart.
Runde auf ganze Prozent.

3 Der Endpreis von 65,45 € schließt die Mehrwertsteuer (MwSt.) von 19 % mit ein.
Berechne die Mehrwertsteuer.

```
        Chic & Schön
      Shop im Mariencenter
   T-Shirt          20,50 €
   Hose             ____ €

   Gesamtpreis      70,45 €
   Gutschein        −5,00 €

   Endpreis         65,45 €

   MwSt.            ____ €
```

b Ein anderes Geschäft gibt bei jedem Einkauf auf den Gesamtpreis 20 % Rabatt.
Melisa kauft für insgesamt 130 € ein und überlegt, ob es günstiger wäre, vor oder nach Abzug des Rabattes einen Gutschein im Wert von 10 € einzulösen.
Was wäre für Melisa vorteilhafter? Begründe deine Antwort.

Aufgabe P 5

a Eine Parabel hat die Funktionsgleichung $y = x^2 + 12x + 11$.

1 Liegt der Punkt P(2|39) auf dieser Parabel? Begründe deine Antwort.

2 Berechne die Nullstellen dieser Funktion.

b Die Zeichnung zeigt den Verlauf eines schräg nach oben gehaltenen Wasserstrahls.
Er erreicht seine größte Höhe bei 2,5 m.

Welche der folgenden Gleichungen beschreibt seinen Verlauf? Schreibe den passenden Buchstaben auf dein Reinschriftpapier.

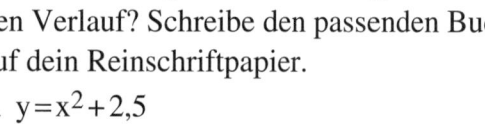

A $y = x^2 + 2,5$

B $y = x^2 - 2,5$

C $y = -x^2 + 2,5$

D $y = -x^2 - 2,5$

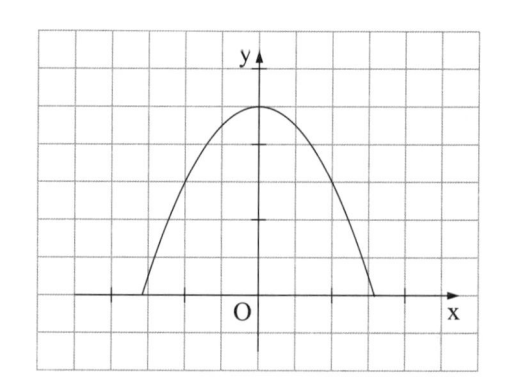

Aufgabe P 6

a Löse das Gleichungssystem.
Notiere deine Lösungsschritte.

$$\begin{vmatrix} x - 3y = 8 \\ x = 9 + 5y \end{vmatrix}$$

b Ein Hamburger und drei Portionen Pommes kosten 5,50 €.
Drei Hamburger und zwei Portionen Pommes kosten 6,00 €.
Schreibe zu diesen Angaben ein passendes Gleichungssystem auf dein Reinschriftpapier.
Du brauchst das Gleichungssystem nicht zu lösen.

Aufgabe P 7

Ein Werkstück wird hergestellt. Dabei wird aus einem Kupferzylinder ein quaderförmiges Loch herausgearbeitet.

Schrägbild des Werkstücks:

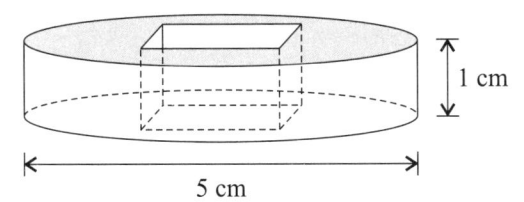

Draufsicht des Werkstücks:

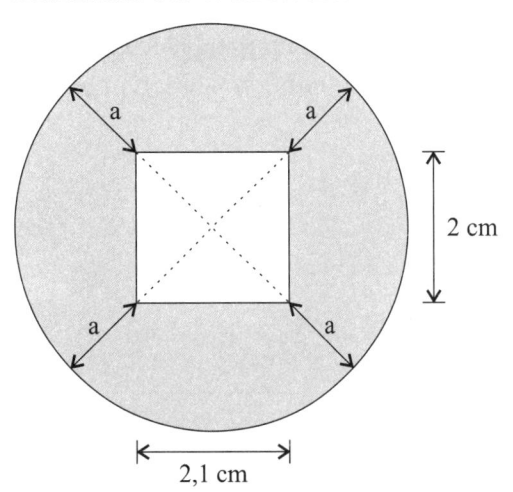

Zeichnungen nicht maßstabsgerecht

a Berechne die Masse des Werkstücks. 1 cm³ Kupfer wiegt 8,9 g. Runde auf Gramm. [7 Pkte.]

b Um zu prüfen, ob das quaderförmige Loch genau in der Mitte der Scheibe sitzt, misst man jeweils den Abstand a von jeder Ecke zur Kreislinie. [4 Pkte.]
Berechne, welche Länge man für a erhalten müsste.

Aufgabe P 8

a Eine Pyramide mit quadratischer Grundfläche ist 6 cm hoch. [4 Pkte.]
Die Seitenlänge der Grundfläche beträgt 4 cm.
Zeichne das Schrägbild der Pyramide auf dein Reinschriftpapier.

b Eine Pyramide und ein Quader haben gleich große Grundflächen. [3 Pkte.]
Der Quader ist halb so hoch wie die Pyramide.
Welcher der beiden Körper hat das größere Volumen?
Begründe deine Antwort.

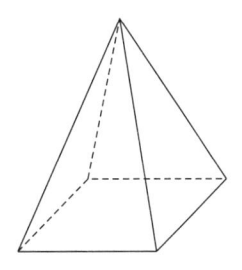

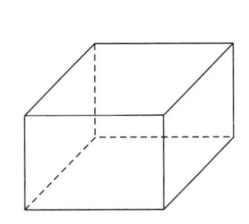

Zeichnungen nicht maßstabsgerecht

Abschlussprüfung Mathematik Realschulen Hessen
Haupttermin 2013 – Wahlaufgaben

Bearbeite **zwei** der fünf Wahlaufgaben.

Punkte

Aufgabe W 1

a Die Zeichnung zeigt den Querschnitt einer Rampe.
Die bekannten Größen wurden in die Zeichnung eingetragen.

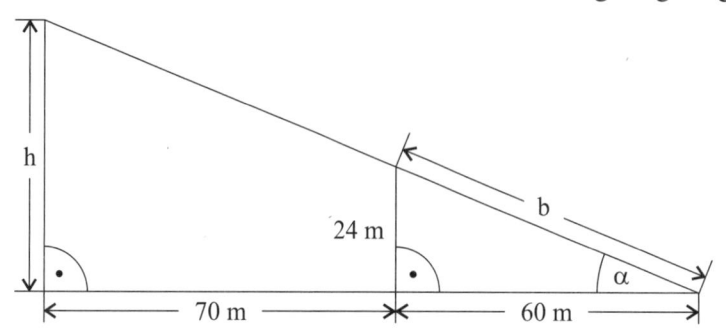

Zeichnung nicht maßstabsgerecht

1 Berechne die Höhe h. — 3 Pkte.

2 Mit welcher der angegebenen Formeln kann man die Länge b richtig berechnen, wenn α bekannt ist? — 1 Pkt.
Schreibe den passenden Buchstaben auf dein Reinschriftpapier.

A $\tan\alpha = \dfrac{b}{60\,\text{m}}$

B $\tan\alpha = \dfrac{60\,\text{m}}{b}$

C $\sin\alpha = \dfrac{b}{24\,\text{m}}$

D $\sin\alpha = \dfrac{24\,\text{m}}{b}$

b Von den Punkten A und B im Tal aus peilt man die Aussichtsplattform P an. — 8 Pkte.

Berechne die Länge der Strecke $\overline{AB} = x$.
Runde auf Meter.

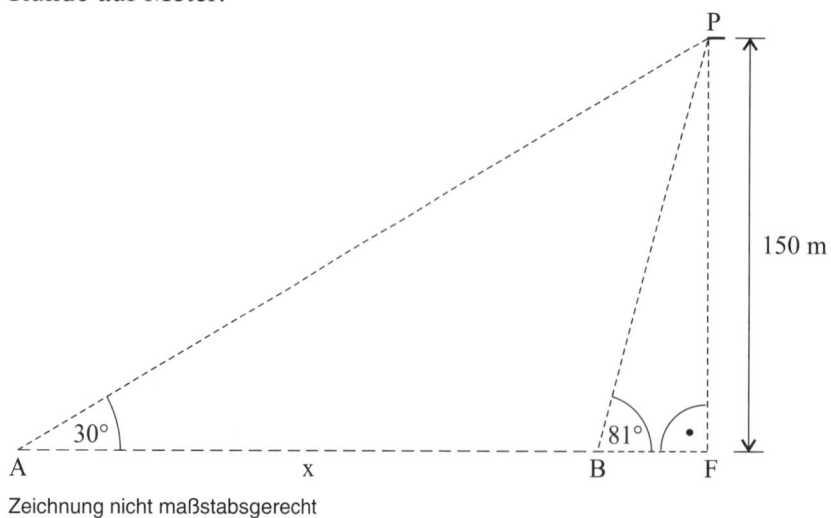

Zeichnung nicht maßstabsgerecht

M 2013-4

Aufgabe W 2

Ein Wetterdienst ermittelt die Niederschlagsmengen für ein Gebiet.

a Die Tabelle gibt die Niederschlagsmengen im ersten Quartal (von Januar bis März) 2011 an.
Die Niederschlagsmenge wird in Liter pro Quadratmeter (ℓ/m^2) gemessen.

Monat	Januar	Februar	März
Niederschlagsmenge in ℓ/m^2	16,8	54,6	12,6

1 Berechne das arithmetische Mittel (Durchschnitt) der monatlichen Niederschlagsmengen für das erste Quartal. `2 Pkte.`

2 Zeichne für die monatlichen Niederschlagsmengen des ersten Quartals ein Streifendiagramm. `5 Pkte.`
Wähle dafür ein Rechteck mit der Länge von 10 cm und der Breite von 1 cm.
Beschrifte dein Streifendiagramm.
Tipp: Rechne die Niederschlagsmengen in Prozent um.

b Für das zweite Quartal 2011 wurde eine durchschnittliche monatliche Niederschlagsmenge von 41,2 ℓ/m^2 ermittelt. `3 Pkte.`

Monat	April	Mai	Juni
Niederschlagsmenge in ℓ/m^2	16,0	24,8	a

Bestimme die Niederschlagsmenge **a** für den Monat Juni.
Notiere deinen Lösungsweg.

c Das Diagramm zeigt die Niederschlagsmengen (in ℓ/m^2) des dritten Quartals der Jahre 2010 und 2011. `2 Pkte.`

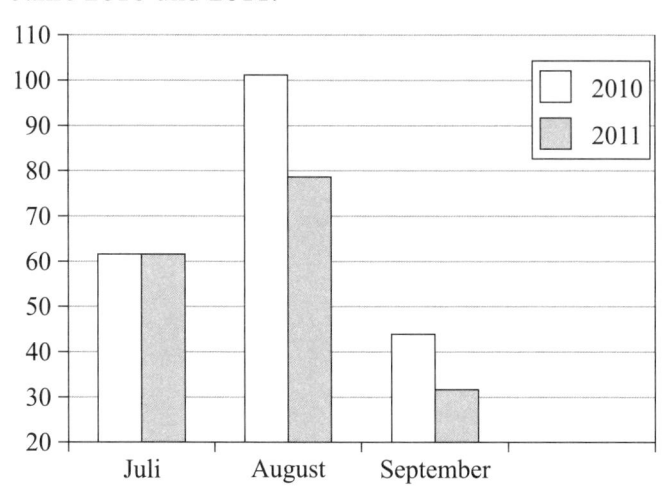

Mehmet behauptet: „Im September 2010 fiel etwa doppelt so viel Niederschlag wie im September 2011." Hat er recht? Begründe deine Antwort.

Aufgabe W 3

Auf Bodos Geflügelfarm ist eine Krankheit aufgetreten.

a Am Dienstag zählt Bodo zum ersten Mal 84 kranke Tiere. Nun zählt er jeden Tag die kranken Tiere. Vom Tierarzt weiß er, dass die Anzahl der kranken Tiere bei dieser Krankheit von Tag zu Tag um 20 % zunimmt.

Wochentag	Montag	Dienstag	Mittwoch	Donnerstag	Freitag
Tag (x)		0	1	2	3
Anzahl (y) der kranken Tiere	a	84	101	121	b

1 Zeige rechnerisch, dass auch auf Bodos Geflügelfarm in der Zeit von Dienstag bis Donnerstag die Anzahl der kranken Tiere täglich um etwa 20 % wächst. `2 Pkte.`

Nimm bei der Berechnung der folgenden Aufgaben an, dass die Anzahl der kranken Tiere exponentiell mit einer täglichen Zunahme um 20 % wächst.

2 Wie viele Tiere waren am Montag schon krank und wie viele Tiere werden es am Freitag dieser Woche sein? Berechne und formuliere einen Antwortsatz. `3 Pkte.`

3 Bestimme, an welchem Wochentag erstmalig mehr als 200 kranke Tiere gezählt werden. `2 Pkte.`

4 Notiere einen Term, mit dem man die Anzahl der kranken Tiere für jeden Tag x ab Dienstag berechnen kann. `2 Pkte.`

b Zu jeder Zuordnung A, B und C passt genau einer der Graphen 1 bis 6. `3 Pkte.`
Schreibe den Buchstaben der Zuordnung und die zugehörige Nummer des Graphen auf dein Reinschriftpapier.

A Auf Bodos Farm gibt es einen bestimmten Vorrat an Futter.
Zuordnung: Anzahl der Tiere → Anzahl der Tage, für die dieser Vorrat reicht

B Die Anzahl der kranken Tiere auf Bodos Farm erhöht sich täglich um 20 %.
Zuordnung: Zeit in Tagen → Anzahl der kranken Tiere

C Jedes erkrankte Tier verursacht Kosten von 1,50 €.
Zuordnung: Anzahl der erkrankten Tiere → Kosten in Euro

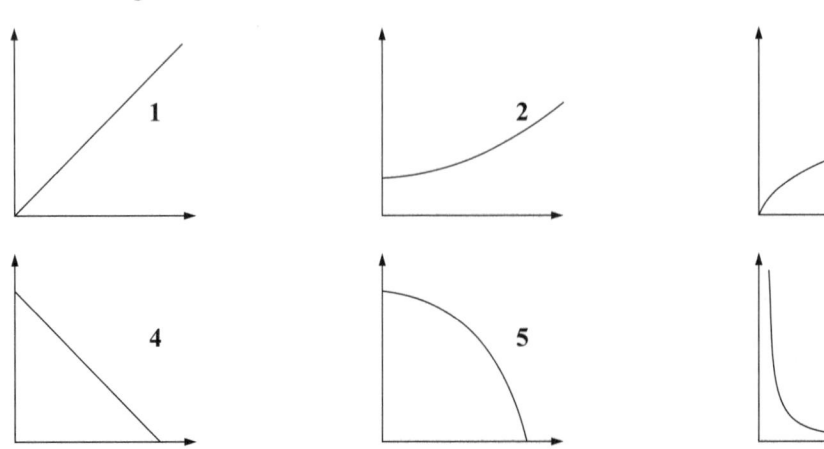

Aufgabe W 4

Das Bild zeigt ein Denkmal aus Granit.
Es besteht aus **vier** gleich großen, würfelförmigen Blöcken. Drei der Blöcke liegen versetzt zueinander und der vierte liegt in der Mitte obenauf.
(1 m³ Granit wiegt 3 000 kg.)

a Wie viel Tonnen muss ein Kran etwa heben können, damit er einen dieser Blöcke bewegen kann?
Begründe deine Antwort durch eine Rechnung.
Schätze dazu eine geeignete Größe und rechne damit.
Formuliere einen Antwortsatz.

b Alle sichtbaren Flächen der vier Blöcke sollen als Schutz vor Graffiti einen Anstrich erhalten.
Das Schutzmittel muss zweimal aufgetragen werden.
Mit dem Inhalt einer Dose kann man eine Fläche von 10 m² einmal streichen.

Berechne, wie viele Dosen für dieses Vorhaben mindestens nötig sind.
Schätze dazu eine geeignete Größe und rechne damit.
Du kannst deinen Schätzwert aus Aufgabe W 4a verwenden.
Formuliere einen Antwortsatz.

c Stelle dir vor:
Das Denkmal besteht nicht aus würfelförmigen Blöcken, sondern aus Kugeln.
Der Durchmesser jeder Kugel ist so lang wie eine Würfelkante.

Das Volumen eines Würfels wird mit $V_{Würfel}$ bezeichnet, das der Kugel mit V_{Kugel}.

1 Begründe, warum $V_{Kugel} < V_{Würfel}$ gilt.

2 Begründe, warum die Näherungsformel $V_{Kugel} \approx \frac{1}{2} \cdot V_{Würfel}$ richtig ist.

Aufgabe W 5

Eine Firma bietet Tulpenzwiebeln an. In jeder Packung befinden sich 10 Zwiebeln für weiße, 10 Zwiebeln für gelbe und 5 Zwiebeln für rote Tulpen.
Die Farben der Tulpen sind an den Zwiebeln nicht erkennbar.

a 1 Nach dem Öffnen der Packung wird eine Zwiebel herausgenommen. [1 Pkt.]
Berechne die Wahrscheinlichkeit dafür, dass es eine Zwiebel für eine rote Tulpe ist.

2 Nach dem Öffnen einer neuen Packung werden nacheinander zwei Zwiebeln zufällig herausgenommen. [2 Pkte.]
Mit P(Weiß|Weiß) bezeichnet man die Wahrscheinlichkeit, dabei zwei Zwiebeln für weiße Tulpen zu erhalten.
Übertrage die Kästchen auf dein Reinschriftpapier und setze jeweils das richtige Zeichen „<", „>" oder „=" ein.

P(Weiß|Weiß) _____ P(Gelb|Gelb)

P(Rot|Rot) _____ P(Weiß|Gelb)

3 Es werden zufällig zwei Zwiebeln aus einer neuen Packung genommen. [3 Pkte.]
Berechne die Wahrscheinlichkeit dafür, dass die eine Zwiebel für eine rote Tulpe und die andere Zwiebel für eine weiße Tulpe ist.

4 Zwei Zwiebeln werden zufällig aus einer weiteren Packung genommen und in einen Topf eingepflanzt. Wie viele verschiedene Farbzusammenstellungen sind für diesen Topf möglich, wenn die Reihenfolge der Farben keine Rolle spielt? [2 Pkte.]

b Die Wahrscheinlichkeit, dass aus einer Zwiebel eine Tulpe wird, sie also keimt, beträgt 92 %.
1 Wie viele der 25 Zwiebeln aus einer Packung werden wahrscheinlich nicht keimen? [2 Pkte.]
2 Sami behauptet: „Pflanzt man in einen Topf zwei Zwiebeln ein, so werden mit einer Wahrscheinlichkeit von mehr als 80 % beide keimen." [2 Pkte.]
Hat Sami recht? Begründe deine Antwort.

Abschlussprüfung Mathematik Realschulen Hessen
Haupttermin 2014 – Pflichtaufgaben

Aufgabe P 1

a In eine Regentonne passen insgesamt 120 Liter Wasser.
Die Regentonne ist zu $\frac{2}{3}$ gefüllt. Wie viel Liter Wasser enthält sie?

b In einer Gießkanne sind 9 Liter Wasser. Sie ist damit zu $\frac{3}{4}$ gefüllt.
Wie viel Liter Wasser passen insgesamt in diese Gießkanne?

c In einem Fass sind 7 Liter Wasser. Insgesamt passen 24 Liter hinein.
Leon behauptet: „Das Fass ist mehr als ein Drittel gefüllt."
Hat er recht? Begründe deine Entscheidung.

Aufgabe P 2

Du siehst hier eine Zeitleiste, auf der du ablesen kannst, in welchen Jahren drei hessischen Städten das Stadtrecht verliehen wurde.

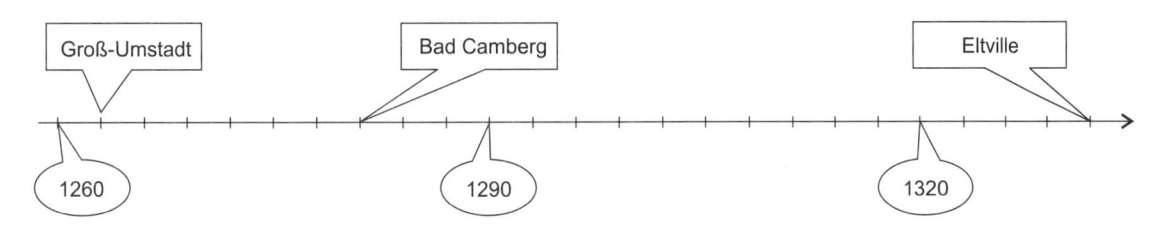

Groß-Umstadt: 1260
Bad Camberg: 1290
Eltville: 1320

a In welchem Jahr wurde Bad Camberg das Stadtrecht verliehen?

b Wie viele Jahre vergingen zwischen den Verleihungen der Stadtrechte an die Städte Groß-Umstadt und Eltville?

c Eine dieser drei Städte feierte im Jahr 2013 ihr 750-jähriges Stadtjubiläum.
Gib an, um welche Stadt es sich handelt.

Aufgabe P 3

Das Bild zeigt einen „12er-Würfel" (Dodekaeder).
Seine Flächen sind mit den Zahlen 1 bis 12 beschriftet.

a Mit dem „12er-Würfel" wird einmal gewürfelt.
Gib die Wahrscheinlichkeit an, dass die Zahl 11 gewürfelt wird.

© Can Stock Photo Inc. / gruml

b Dominik und Marc spielen gegeneinander.
   Es wird einmal mit dem „12er-Würfel" gewürfelt.
   Marc gewinnt, wenn eine durch drei teilbare Zahl gewürfelt wird.
   Bei jeder anderen Zahl gewinnt Dominik.

   1 Begründe, warum diese Spielregel unfair ist.

   2 Formuliere eine Spielregel, bei der beide die gleiche Gewinnchance haben.

c Berechne die Wahrscheinlichkeit, zweimal nacheinander eine zweistellige Zahl zu würfeln.
   Gib das Ergebnis in Prozent an.

Aufgabe P 4

Im Jahr 2012 wurden in Deutschland rund 131 000 Einbrüche verübt.

a 16,5 % aller Einbrüche konnten aufgeklärt werden.
   Berechne, wie viele Einbrüche das waren.

b Im Jahr 2012 war die Zahl der Einbrüche 10 % höher als im Jahr 2011.
   Berechne, wie viele Einbrüche es im Jahr 2011 gab. Runde auf Tausender.

c Von 2 000 geschädigten Personen haben 1 740 Angst vor weiteren Einbrüchen.
   Berechne, wie viel Prozent das sind.

d Eine Zeitung behauptet: „In Deutschland fand im Jahr 2012 im Durchschnitt etwa alle 4 Minuten ein Einbruch statt."
   Zeige mit einer Rechnung, dass diese Behauptung richtig ist.

Aufgabe P 5

a In der Gleichung $2x+y=130$ gilt $y=3x$. Berechne x.

b Im nebenstehenden Dreieck ist der Winkel α doppelt so groß wie der Winkel β.
   Berechne β.

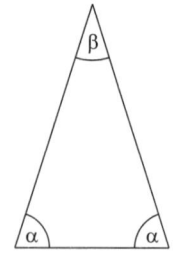

c Löse das nebenstehende Gleichungssystem.
   Notiere deine Lösungsschritte.
   $$\begin{vmatrix} x+4y=35 \\ y=x-5 \end{vmatrix}$$

d Begründe, warum die Gleichung $x^2=-9$ keine reelle Lösung hat.

Aufgabe P 6

a Berechne den Flächeninhalt des grau gefärbten Rechtecks.
Verwende für deine Rechnungen die Maße der Zeichnung.

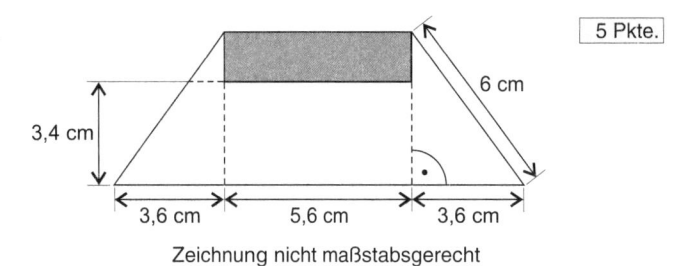

[5 Pkte.]

Zeichnung nicht maßstabsgerecht

b Konstruiere das symmetrische Trapez mit den angegebenen Maßen.

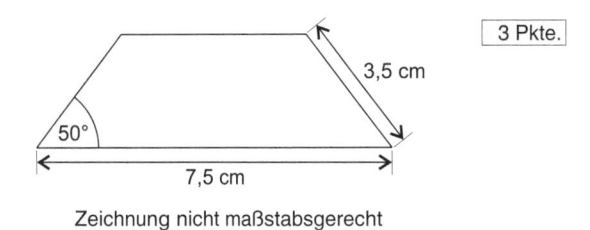

[3 Pkte.]

Zeichnung nicht maßstabsgerecht

Aufgabe P 7

[6 Pkte.]

Beim Verkehrsschild „Durchfahrt verboten" ist eine weiße Kreisfläche von einem roten Kreisring eingerahmt.

Das Verkehrsschild hat einen Durchmesser von 60 cm.
Die Breite des Kreisringes beträgt 8,8 cm.

Pablo behauptet: „Die Flächeninhalte des Kreisringes und der weißen Kreisfläche sind ungefähr gleich groß."
Hat er recht?
Begründe deine Antwort durch eine Rechnung.

Zeichnung nicht maßstabsgerecht

Aufgabe P 8

a Ein Quader mit quadratischer Grundfläche ist 0,5 m hoch.
Die Grundfläche ist 90 cm² groß.

   1 Berechne das Volumen des Quaders.
      Gib das Ergebnis in Liter an.

[2 Pkte.]

   2 Ein Kegel hat eine dreimal so große Grundfläche wie dieser Quader. Beide Körper sind gleich hoch.
      Vergleiche die Volumina dieser beiden Körper.

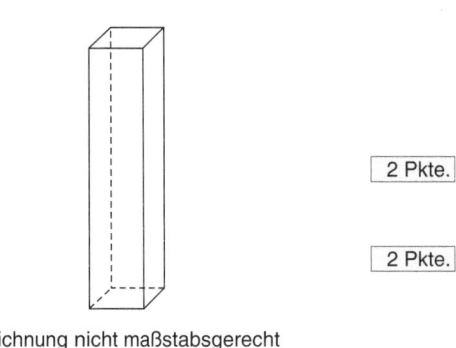

[2 Pkte.]

Zeichnung nicht maßstabsgerecht

b Ein Kreiszylinder hat eine Höhe von 12 cm und ein Volumen von 700 cm³.
Berechne den Radius des Kreiszylinders.
Runde auf Millimeter.

[3 Pkte.]

Abschlussprüfung Mathematik Realschulen Hessen
Haupttermin 2014 – Wahlaufgaben

Aufgabe W 1

a Der Buchstabe X wurde maßstäblich vergrößert.

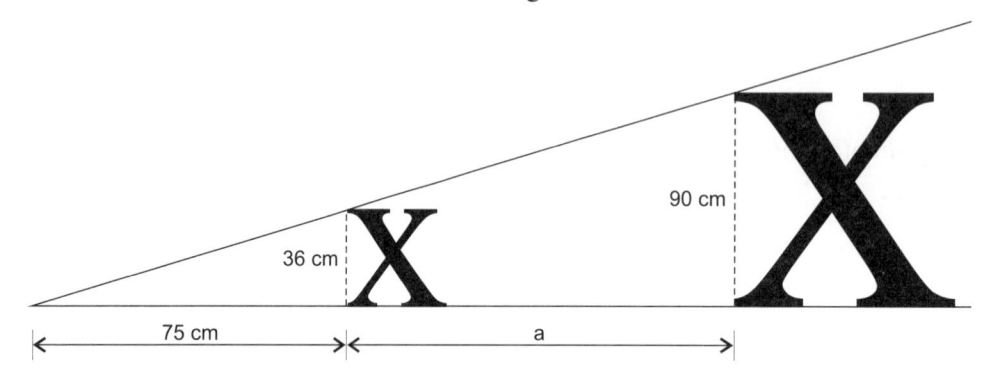

90 cm
36 cm
75 cm
a

Zeichnung nicht maßstabsgerecht

1 Gib den Streckfaktor k (Vergrößerungsfaktor) an.   1 Pkt.
2 Berechne die Länge a.   3 Pkte.

b Die Abbildung zeigt den Buchstaben N.   2 Pkte.
Die Punkte ABCD bilden ein Rechteck.
Berechne die Größe des Winkels β.
Runde auf zehntel Grad.

$$\overline{BD} = 24 \text{ cm}$$
$$\overline{BC} = 22 \text{ cm}$$

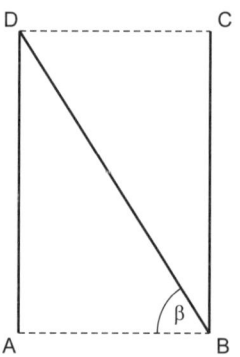

Zeichnung nicht maßstabsgerecht

c Die Abbildung zeigt den Buchstaben Y.
Er besteht aus drei Teilstrecken von je 11 cm Länge.

1 Wie lang ist die Strecke $\overline{EH}$?   1 Pkt.
2 Berechne die Länge der Strecke $\overline{EG}$.   5 Pkte.
Runde auf Millimeter.

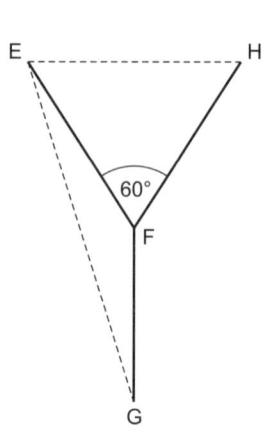

Zeichnung nicht maßstabsgerecht

Aufgabe W 2

a Im Koordinatensystem ist die Parabel mit der Gleichung $y=2x^2$ abgebildet.

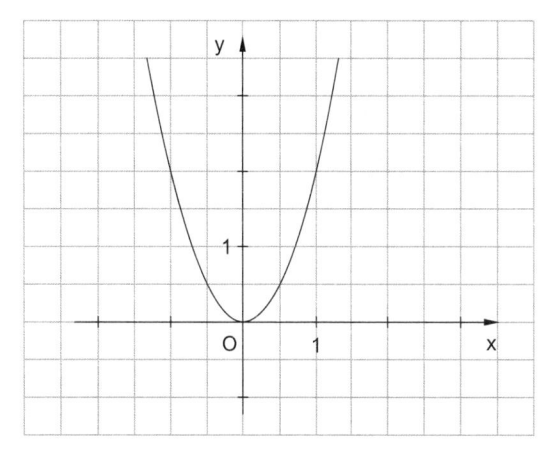

1. Die Parabel wird an der x-Achse gespiegelt. Schreibe die dazu passende Gleichung auf.
2. Die Parabel mit der Gleichung $y=2x^2$ wird um eine Einheit nach oben verschoben. Schreibe die dazu passende Gleichung auf.
3. Die Parabel mit der Gleichung $y=2x^2$ wird so verschoben, dass ihr neuer Scheitelpunkt die Koordinaten $S(1|3)$ besitzt. Schreibe die dazu passende Gleichung auf.

b Im Sportunterricht springen die Schülerinnen von einem kleinen Podest aus dem Stand so weit wie möglich nach vorn. Am Boden wird die Entfernung x von A aus gemessen und in Zentimetern angegeben. Die Höhe y wird ebenfalls in Zentimetern angegeben.

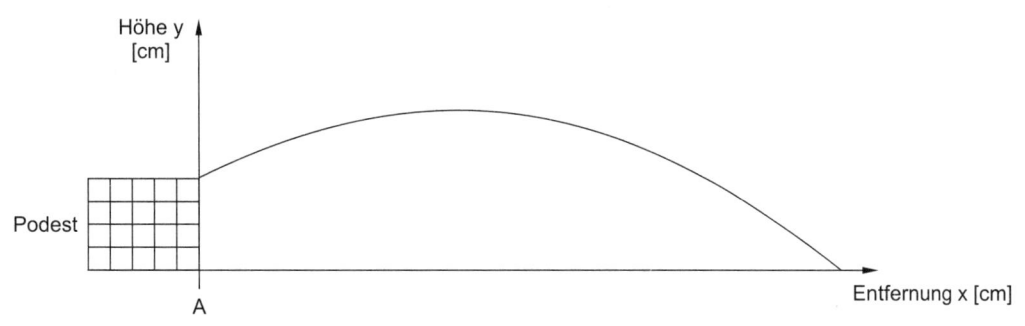

Zeichnung nicht maßstabsgerecht

Isabells Sprungbahn kann durch die Gleichung $y=-0,01x^2+1,5x+32$ beschrieben werden.

1. Gib die Höhe des Podestes an.
2. Berechne die Höhe y für $x=50$.
3. Berechne Isabells Sprungweite. Runde auf Zentimeter. Formuliere einen Antwortsatz.

Aufgabe W 3

a Tanja richtet ihr neues Aquarium ein.
Sie setzt 8 Neonfische, 12 Guppys und 5 Schnecken in ihr Aquarium.

1 Nach einem Monat zählt Tanja schon 10 Neonfische.
Bestimme, um wie viel Prozent die Anzahl der Neonfische zugenommen hat.

2 Der Zoohändler sagte beim Kauf: „Die Anzahl der Guppys nimmt monatlich im Durchschnitt um etwa 10 % zu."
Berechne, wie viele Guppys dann nach einem halben Jahr in Tanjas Aquarium sein müssten.

3 Die Schnecken können schnell zur Plage werden. Ihre Zahl verdoppelt sich erfahrungsgemäß alle drei Monate.
Berechne, wie viele Schnecken dann nach einem Jahr im Aquarium wären.

b Ein junger Wels ist beim Kauf vier Zentimeter lang. Er wächst jeden Monat um etwa drei Millimeter und kann im Aquarium bis zu 16 cm groß werden.
Nach wie vielen Monaten hat der Wels eine Länge von 16 cm erreicht?

c Die Grüne Cabomba ist eine Pflanze für Aquarien. Beim Kauf hat eine solche Pflanze eine Höhe von 8 cm. Ihre Höhe nimmt jede Woche um 4,5 cm zu.

1 Berechne, wie groß die Pflanze nach 7 Wochen ist.

2 Vom Boden bis zur Wasseroberfläche sind es 62 cm. Berechne, nach wie vielen Wochen die Pflanze bis zur Wasseroberfläche reichen kann.

3 Welcher Graph zeigt das Wachstum der Pflanze in den ersten Wochen nach dem Kauf am besten?
Schreibe den entsprechenden Buchstaben auf dein Reinschriftpapier.

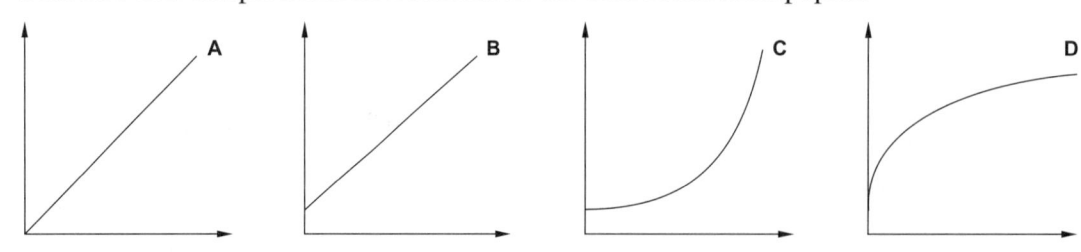

A B C D

Aufgabe W 4

Die Bilder zeigen einen Waggon, der zum Transport von Löschwasser dient.

a Begründe mit einer Rechnung, dass der Waggon das angegebene Gesamtgewicht auch dann nicht überschreitet, wenn der Wasserbehälter vollständig mit Wasser gefüllt ist. [7 Pkte.]

Schätze dazu anhand der Abbildungen geeignete Größen und rechne damit.
Hinweis: 1 m³ Wasser wiegt 1 t.

Formuliere einen Antwortsatz.

b Der gesamte Wasserbehälter des Waggons soll einen neuen Außenanstrich bekommen. Dafür stehen 850 € zur Verfügung. Eine Malerfirma gibt folgendes Angebot ab: [5 Pkte.]

> Die Grundkosten (für Anfahrt, Geräte, ...) betragen 240 €.
>
> Für jeden Quadratmeter zu streichende Fläche werden 33,50 € berechnet.

Berechne, ob das zur Verfügung stehende Geld ausreicht.
Verwende deine Schätzwerte aus Aufgabe a.
Formuliere einen Antwortsatz.

Aufgabe W 5

a In einem Experiment wird mit einem „8er-Würfel" (Oktaeder) gewürfelt.
Auf jeder Fläche steht einer der drei Buchstaben **A**, **B** oder **C**.

1 Das Diagramm zeigt, wie oft mit dem Würfel einer der Buchstaben **A**, **B** oder **C** gewürfelt wurde.
Bestimme die relative Häufigkeit für **A**.
Gib sie in Prozent an.

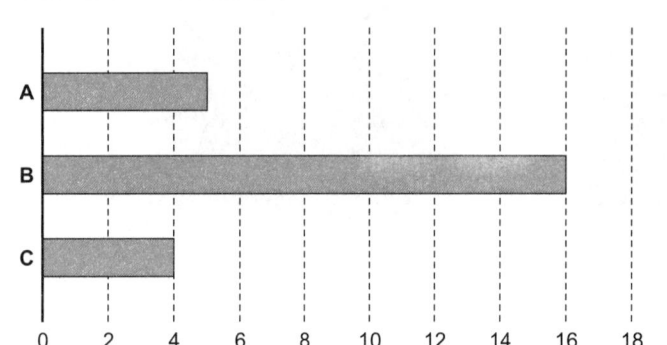

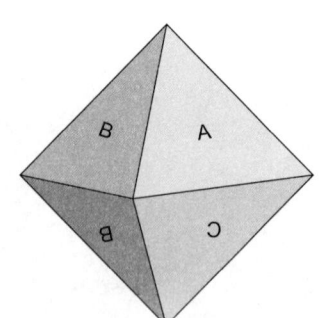

2 Nach sehr vielen Würfen ergaben sich folgende relative Häufigkeiten:
für **A** 25 %, für **B** 63 % und für **C** 12 %.
Gib an, wie viele Flächen des „8er-Würfels" vermutlich mit einem **A**, mit einem **B** beziehungsweise mit einem **C** beschriftet sind.

b Die Klasse 10a baut für das Schulfest einen Spielautomaten mit zwei Fenstern, in denen bei jedem Spiel zufällig eine der Ziffern von 0 bis 9 erscheint.

Das Bild zeigt zum Beispiel die Zahl 46 als Ergebnis eines solchen Spieles.

1 Gib an, mit welcher Wahrscheinlichkeit das Ergebnis 46 erscheint.
2 Bestimme die Wahrscheinlichkeit dafür, dass bei einem Spiel eine Zahl erscheint, die größer als 10 und kleiner als 20 ist.
3 Ein Spieler gewinnt nur dann, wenn eine Zahl mit zwei gleichen Ziffern erscheint.
Berechne, mit welcher Wahrscheinlichkeit ein Spieler zweimal nacheinander gewinnt.
4 Vincent hat folgende Spielidee:
Jedes Spiel kostet 50 Cent. Ein Spieler gewinnt 2 €, wenn eine Zahl mit der Endziffer 0 oder 5 erscheint. Bei allen anderen Zahlen verliert der Spieler.
Wie viel Euro Gewinn kann die Klasse 10a voraussichtlich nach 100 Spielen erwarten?
Begründe deine Antwort.

Mathematische Formeln

n-Eck

Dreieck
$$A = \frac{g \cdot h}{2}$$

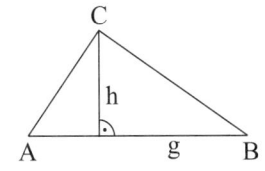

Trapez
$$A = \frac{a+c}{2} \cdot h$$

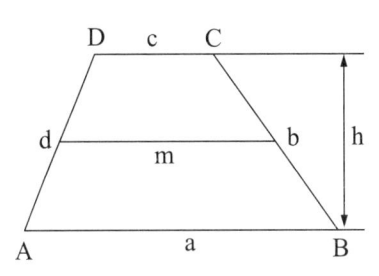

Parallelogramm
$$A = g \cdot h$$

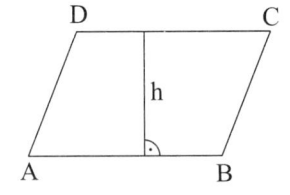

Drachen
$$A = \frac{e \cdot f}{2}$$

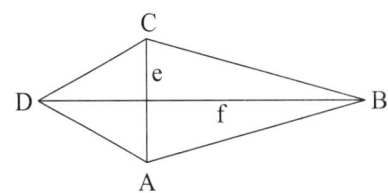

Kreis

Kreisfläche
$$A = \pi \cdot r^2$$

Kreisumfang
$$U = 2 \cdot \pi \cdot r \text{ oder}$$
$$U = d \cdot \pi$$

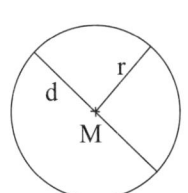

Kreissektor
$$A = \frac{\pi \cdot r^2 \cdot \alpha}{360°}$$

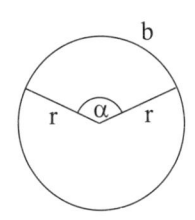

Kreisring
$$A = \pi \cdot (r_1^2 - r_2^2)$$

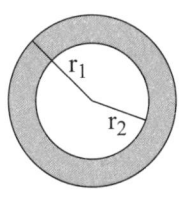

Körper

Würfel
$$V = a^3$$
$$O = 6 \cdot a^2$$
$$d = a\sqrt{3}$$

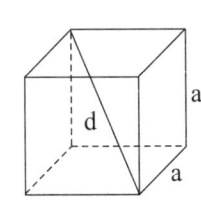

Quader
$$V = a \cdot b \cdot c$$
$$O = 2(ab + ac + bc)$$
$$d = \sqrt{a^2 + b^2 + c^2}$$

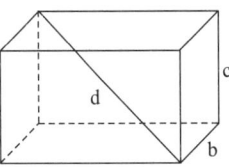

gerades Prisma
$$V = G \cdot h_K$$
$$O = 2 \cdot G + M$$
(G: Grundfläche;
M: Mantelfläche)

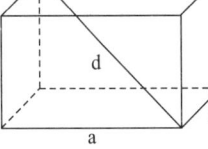

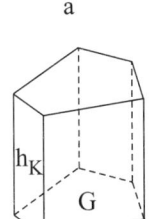

Zylinder
$$V = \pi \cdot r^2 \cdot h_K$$
$$O = 2\pi r(r + h_K)$$
$$O = 2\pi r^2 + 2\pi r h_K$$

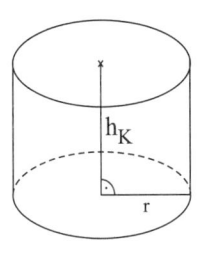

Formeln für die Abschlussprüfung

Pyramide
(quadratische)

$$V = \frac{1}{3} \cdot G \cdot h$$

$$= \frac{1}{3} a^2 \cdot h_K$$

$$O = G + M$$

$$= a^2 + 2 \cdot a \cdot h_S$$

(G: Grundfläche;
M: Mantelfläche)

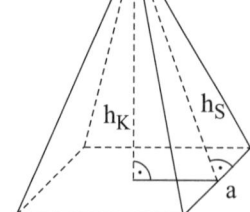

Kegel

$$V = \frac{1}{3} \pi \cdot r^2 \cdot h_K$$

$$O = \pi r (r + s)$$

$$O = \pi r^2 + \pi r s$$

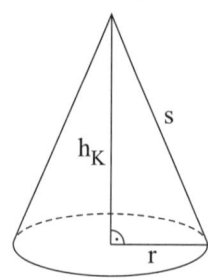

Kugel

$$V = \frac{4}{3} \cdot \pi \cdot r^3$$

$$O = 4 \cdot \pi \cdot r^2$$

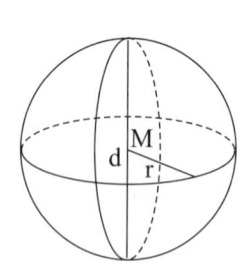

Quadratische Gleichungen

Normalform: $x^2 + px + q = 0$

p-q-Formel: $x_{1/2} = -\frac{p}{2} \pm \sqrt{\left(\frac{p}{2}\right)^2 - q}$

Pythagoras

Im rechtwinkligen Dreieck gilt:
$a^2 + b^2 = c^2$

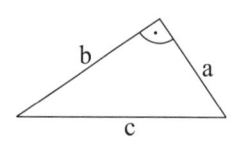

Binomische Formeln

I: $(a+b)^2 = a^2 + 2ab + b^2$

II. $(a-b)^2 = a^2 - 2ab + b^2$

III. $(a+b) \cdot (a-b) = a^2 - b^2$

Prozent- und Zinsrechnung

P_W: Prozentwert
G: Grundwert
p %: Prozentsatz/Zinssatz
K: Kapital
Z: Zinsen
i: Zeit

$$P_W = \frac{G \cdot p}{100}$$

$$Z = \frac{K \cdot p}{100} \cdot i$$

Trigonometrie

Im rechtwinkligen Dreieck gilt:

$$\sin \alpha = \frac{\text{Gegenkathete}}{\text{Hypotenuse}}$$

$$\cos \alpha = \frac{\text{Ankathete}}{\text{Hypotenuse}}$$

$$\tan \alpha = \frac{\text{Gegenkathete}}{\text{Ankathete}}$$

Im allgemeinen Dreieck gilt:

Kosinussatz: $a^2 = b^2 + c^2 - 2 \cdot b \cdot c \cdot \cos \alpha$
$b^2 = a^2 + c^2 - 2 \cdot a \cdot c \cdot \cos \beta$
$c^2 = a^2 + b^2 - 2 \cdot a \cdot b \cdot \cos \gamma$

Sinussatz: $\dfrac{a}{\sin \alpha} = \dfrac{b}{\sin \beta} = \dfrac{c}{\sin \gamma}$

Erfolgreich durch die Abschlussprüfung mit den STARK-Reihen

Abschlussprüfung
Anhand von Original-Aufgaben die Prüfungssituation trainieren. Schülergerechte Lösungen helfen bei der Leistungskontrolle.

Training
Unterrichtsrelevantes Wissen schülergerecht präsentiert. Übungsaufgaben mit Lösungen sichern den Lernerfolg.

Klassenarbeiten
Praxisnahe Übungen für eine gezielte Vorbereitung auf Klassenarbeiten.

Stark in Klassenarbeiten
Schülergerechtes Training wichtiger Themenbereiche für mehr Lernerfolg und bessere Noten.

Kompakt-Wissen
Kompakte Darstellung des prüfungsrelevanten Wissens zum schnellen Nachschlagen und Wiederholen.

Und vieles mehr auf www.stark-verlag.de

(Bitte blättern Sie um)

Den Abschluss in der Tasche – und dann?

In den STARK-Ratgebern finden Schülerinnen und Schüler alle Informationen für einen erfolgreichen Start in die berufliche Zukunft.

Alle Titel zu
Beruf & Karriere
www.berufundkarriere.de

Bestellungen bitte direkt an:
STARK Verlagsgesellschaft mbH & Co. KG · Postfach 1852 · 85318 Freising
Tel. 0180 3 179000* · Fax 0180 3 179001* · www.stark-verlag.de · info@stark-verlag.de
*9 Cent pro Min. aus dem deutschen Festnetz, Mobilfunk bis 42 Cent pro Min.
Aus dem Mobilfunknetz wählen Sie die Festnetznummer: 08167 9573-0

Lernen · Wissen · Zukunft
STARK